ロッジ発

The Lodge Cast Iron Cookbook

# スキレット
# 絶品レシピ

岸田夕子
〔勇気凛りん〕

イカロス出版

# Contents

## Part 1 Oven

 オーブン
こんがりごちそう
スキレット料理

## Part 2 Gas Top / IH Cooking Heater

 ガスコンロ
／IH調理器
熱々ささっと
そのままサーブ

**本書の使い方**

【材料表について】
- 小さじ1は5ml、大さじ1は15ml、1カップは200ml、米1合は180mlです。
- 調味料の「適量」とはお好みの量です。お好みの味になるよう調整してください。
- 油はエキストラバージンオリーブオイル（EXVオリーブオイル）、太白油を使用しています。キャノーラ油やサラダ油などお好みで。
- 無塩バターと有塩バターを使い分けています。材料表で無塩バターとしているレシピを有塩バターで作る場合は、塩を加減してください。スイーツ類は無塩バターの使用をおすすめします。
- 野菜は特に記載がない限り、皮つきの重量です。野菜の「皮をむく」などの調理工程は省略していますので、ことわりのない限り必要に応じて調理してください。

【オーブンについて】
- オーブンでスキレットを加熱調理する前に付属の説明書をよく読んで使用してください。
- じっくり焼いて火を通したいときは下段または中段で、表面に焼き色をつけたい時は上段で焼いています。何も書かれていない時は下段または中段を使用しています。
- オーブンの加熱時間はお使いのオーブンによって差が生じることがあります。本書記載の加熱時間を参考に、最適な加熱時間になるよう調整してください。
- 本書はオーブンやスキレット、サービングポット等、高温加熱調理がほとんどなので、くれぐれも火傷等にはご注意ください。

# .LODGE礼賛.

## アメリカの台所に
## なくてはならないもの。
## それが
## スキレット!

*Double Dutch Ovens*

煮込みから燻製までOKな深鍋タイプ。フタ(カバー)もフライパンになる!

**ダブルダッチオーブン**

| | |
|---|---|
| 内径 | 25.7cm |
| 深さ | 11.1cm |
| 重さ | 5.69kg |

*Cast Iron Cover 10 1/4 inch*

フタは各サイズ揃ってます!

**スキレット
10 1/4インチ用カバー**

*Cast Iron Skillet 10 1/4 inch*

フタ(カバー)があればごはんも炊ける、煮込み調理も

**スキレット10 1/4インチ**

| | |
|---|---|
| 内径 | 25.7cm |
| 深さ | 4.7cm |
| 重量 | 2.54kg |

2～4人分が一気に作れる!

## スキレット6 1/2インチ

| 内径 | 15.5cm |
|---|---|
| 深さ | 3.1cm |
| 重さ | 880g |

Cast Iron Skillet 6.5 inch

同じサイズを
重ねれば
フタ代わりに

## スキレットとは
## 鋳鉄製の
## フライパン

蓄熱性が高く、素材の旨みを逃さずに、どんな料理もおいしく仕上げるロッジスキレット。アメリカでは、アウトドア用や特別な料理用としてではなく、フライパン代わりの家庭用調理器具として浸透しています。

Mini Serving Bowl

オーブンから
出してそのまま
サーブできる

## ミニサービングボウル

| 内径 | 11.8cm |
|---|---|
| 深さ | 4.2cm |
| 重量 | 650g |

## 鍋型や
## アウトドアで
## おなじみの
## ダッチオーブンも

本書ではフライパン型以外に、鍋やダッチオーブンなどの鋳鉄製調理器を使っています。鋳鉄製の道具は、アウトドアの男の調理器と思われがちですが、キッチンで使いやすい工夫もされているので、ぜひ使ってみて。

## 熱しにくく
## 冷めにくい
## 肉厚な造りが
## 食材をおいしくする

温まりにくく冷めにくい。これがロッジスキレットの最大の魅力です。一度しっかり温められたスキレットでの調理は、ほとんど弱火で大丈夫。5mmの肉厚な造りが、食材全体に均一にゆっくりと火を通してくれるんですね。

Serving Pot

1～2人分に
ぴったりサイズ

## サービングポット1qt

| 内径 | 15.4cm |
|---|---|
| 深さ | 6.6cm |
| 重量 | 1.99kg |

## フタがあれば
## さらに調理の幅が
## 広がります

フタさえあれば、焼きものだけでなく、煮ものや蒸し料理もおいしく仕上げてくれます。鋳鉄製の重いフタをすることで圧力がかかり、圧力鍋に似た効果が。内部に充満した蒸気が本体とフタの隙間をシールして、水分も旨みも逃しません。

Rectangle Mini Server

## リクタングルミニサーバー

| 縦19×横10.7cm | |
|---|---|
| 深さ | 2.7cm |
| 重量 | 671g |

オーブンから
出してそのまま
サーブできる

**12** *inch*

内径 29.9cm
深さ 5.2cm
重さ 3.6kg

1人分
サイズに
最適!

内径 15.5cm
深さ 3.1cm
重さ 880g

**6 $\frac{1}{2}$** *inch*

**9** *inch*

内径 22.5cm
深さ 4.3cm
重さ 1.93kg

# LODGEスキレットを使いこなして料理上手に!

## 使いはじめ、調理前はさっと水洗い

初めておろすときは、さっと水洗いするだけでいいんです。鉄鍋は下準備が大変ですぐに使いたいのに使えない…というのは昔の話。最近のロッジのスキレットは、丁寧に下準備がされているので、買ってすぐに使えるのが嬉しい。

## 調理後はたわしを使って温水で洗って洗剤はNG

使い終わった後は、たわしでこすればきれいになります。洗剤、クレンザー、金属たわしは使ってはダメ。こびりつきやにおいがどうしても気になる時は、重曹を粉のまま振りかけて、たわしで洗い流すのも効果的ですよ。

## 日頃のお手入れはしっかり乾燥&油塗布で

スキレットは鉄です。濡れたまま放っておくと当然さびてしまいます。洗った後は水分を拭き取り、火にかけて乾燥させましょう。熱いうちに少量の油を入れ、キッチンペーパーなどで塗っておけばさびが防げます。

## オーブン、ガスコンロ、IH調理器のどれでも調理OK

家庭のキッチンで使いやすいという理由のひとつに、火元を選ばないというのが挙げられます。引っ越し先で使えなくなるということがないので、まさに一生使える調理器具なんです。

スキレット、フタともにオーブン使用可。

IH調理器でも調理可能!

※IH調理器によっては使用できないものもありますのでIH調理器の取扱説明書をご確認ください。

いちばん使いやすいサイズ!

内径　25.7cm
深さ　4.7cm
重さ　2.54kg

10 1/4 inch

# さっそく挑戦！

## アメリカン・ビーフステーキ

スキレットで焼くステーキのおいしさはまるで魔法を使ったよう！

**10 1/4** スキレット /IH

材料：1人分

**クリームポテト（2〜3人分）**
　　じゃがいも…3個（約330g）
　　無塩バター…20g
　　牛乳…60ml
牛ロースステーキ用…1枚（350g）
塩…少々
黒こしょう…少々
牛脂…少量
しょうゆ…小さじ1
いんげん…5〜6本
クレソン…適量

**1** クリームポテトを作る。じゃがいもとかぶる量の水（分量外）を鍋に入れ中火にかける。沸騰したら弱火にしてじゃがいもの芯に火が通るまで茹でる。熱いうちに皮をむき、フォークなどでつぶしてバターを混ぜる。牛乳を加えてブレンダーなどでクリーム状にする。ラップを密着させておく。

**2** 牛肉は塩と黒こしょうを振り、包丁の峰で叩いて筋を切る。手で元の形にして室温にもどす。

**3** スキレットを強火にかけ、煙が出るまで熱したら弱火にして、牛脂を入れて溶かす。中火にし、肉の両面それぞれを2分ほど焼く。

**4** 3で肉を裏返した時に、ヘタを切ったいんげんを加えて肉と一緒にソテーする。仕上げにしょうゆを回しかけて火を止め、端に寄せ、空いたところに1を1人分のせて、全体に黒こしょうをふる。クレソンをのせる。

\ Point! /
焼き時間は好みで加減してくださいね。スキレットはなかなか冷めないので、食べている間も肉にどんどん火が通ることをお忘れなく!

ガスコンロ／IH調理器でビーフステーキ

ガスコンロ／IH調理器

オーブン

オーブンでステーキ屋さんのコーンブレッド

ごちそうテーブルが
同時に完成！

 スキレット

**9**

🔲 170℃／上段**30**分→下段**15**分

# ステーキ屋さんのコーンブレッド

コーンをたっぷり使った珍しいコーンブレッドはシカゴの想い出。
大好きなステーキ屋さんの味を思い出しながら作りました。

| 材料：6〜8人分 |

無塩バター…35g
薄力粉…200g
コーングリッツ…100g
グラニュー糖…150g
ベーキングパウダー…大さじ1
塩…小さじ1
卵…2個
牛乳…300ml
コーンオイルまたは太白ごま油…80ml
コーン（缶詰）…200g（実のみ使う）

**下準備**
・天板にスキレットをのせてオーブンに入れ、
　170℃に予熱する。

1 バターは小鍋に入れ、弱火にかけて溶かす。

2 薄力粉、コーングリッツ、グラニュー糖、ベーキングパウダー、塩を混ぜ合わせてふるう。

3 別のボウルに卵を割りほぐし、牛乳、1、油を入れて混ぜ合わせる。

4 2に3を2回に分けて加えて混ぜ合わせる。しっかりと水けをきったコーンの実を加えて混ぜる。

5 温めたスキレットに流し入れ、上段で30分焼き、下段に移して約15分焼く。

\ Hint! /

上面が焦げすぎてしまうようなら、アルミホイルをかぶせて焼いてくださいね。

11

# マサラ

 サービングポット

**材料：4人分**

にんにく…2片
玉ねぎ…1個
しょうが…大さじ1
油…大さじ2
クミンシード…小さじ1
A ガラムマサラ…大さじ1、クミンパウダー…小さじ1、ターメリックパウダー…小さじ1、パプリカパウダー…小さじ1、チリペッパー…小さじ1
トマト水煮（ホール）…400g
生クリーム…200ml
塩…小さじ1〜2

1 にんにく、玉ねぎはみじん切りにする。しょうがはすりおろす。
2 サービングポットに油とクミンシードを入れて強火にかけ、クミンシードの周りに泡が出てきたら弱火にしてパチパチはねるまで炒める。続いて1のにんにくとしょうがを加えて炒め、香りが立ったら1の玉ねぎを加えてしんなりするまで炒める。
3 Aを加えて炒めたら、手でつぶしたトマト水煮を加える。ひと煮立ちしたら生クリームを加えて火を止め、塩で調味する。

# ティッカチキン

**材料：4人分**　　200℃ / 25〜30分

鶏むね肉…2枚
A パプリカパウダー…大さじ1、クミンパウダー…小さじ1、ターメリックパウダー…小さじ1、ガラムマサラ…小さじ1、チリペッパー…小さじ1/2、ジンジャーパウダー…小さじ1/2、塩…小さじ1/2
プレーンヨーグルト…100g
無塩バター…大さじ1

**下準備**
・オーブンを200℃に予熱する。

1 鶏肉に塩適量（分量外）をもみ込み、そのまま15分ほどおいてから水で洗い流し、ペーパータオルで水けをしっかり拭き取る。縦半分に切り、それぞれを3等分にする。
2 ボウルにAとヨーグルトを入れて混ぜ合わせ、1を加えてよく和え、ラップをして冷蔵庫で一晩漬け込む。
3 オーブンの天板にオーブンシートを敷き、肉汁がこぼれないよう縁を折って立てる。2をくっつかないように並べ、各上にバターを均等にのせる。オーブンで25〜30分焼く。

## ターメリックライス

 10¼　スキレット

**材料：4人分**

米…3合
水…500ml
ターメリックパウダー
　　…小さじ1/2
塩…小さじ1/4

1　米を洗い30分吸水させたらざるにあげてしっかり水けをきる。スキレットに入れ、分量の水、ターメリック、塩を入れて混ぜ、フタをして強火にかける。

2　フタの隙間から蒸気が噴き出たら弱火にして、さらに8分炊いて火を消す。フタを開けて、フタ裏に付いた水分を捨てる。再びフタをして5分蒸らす。

# もうひとつ挑戦！

## ターメリックライスとマサラティッカチキン

スキレットで炊いたターメリックライスは、それだけでもおいしい。
カレーとチキンのスパイスの風味を楽しんでくださいね。

ガスコンロ／IH調理器

オーブン

同時仕上げ！

ガスコンロ／IH調理器

9　スキレット

**盛り付け！**　**材料：4人分**

無塩バター…小さじ4
パクチー（生・葉）…適量

9インチスキレットを強火で熱し、煙が出たら火を止めバター小さじ1を溶かす。ティッカチキン、マサラ、ターメリックライスを各1/4ずつのせ、ざっくりきざんだパクチーをあしらう。

# もっと料理したくなる LODGE の仲間たち

上手に使えば一生モン！

## 調理後はすぐ洗っちゃおう！

鋳鉄製のスキレットの大敵は水分！ 調理の後、粗熱がとれたらたわしを使ってお湯で洗って。熱々のまま冷たい水にジュッは、ひび割れの原因になるのでNGです。取っ手がついた専用たわしが便利です。洗った後は、軽く火にかけて乾かし、油を塗っておきましょう。

スクラブブラシ

## 鉄臭いのが気になる時は…？

しばらく使っていなかったり、さびがついてしまった時は鉄臭さが気になることも。そんな時は、香りの強い野菜を炒めると中和することができます。調理前にセロリや長ねぎの青い部分を炒めてから使ってみて。

## 耐用年数ってあるの？

きちんとメンテナンスしていればロッジ社のスキレットは一生ものです。使い続けるうちにスキレットが黒々としてきますが、これは黒さびが油になじんで膜のように張り付いたもの。より焦げにくく使いやすくなります。上手に使って、黒々とした黒さびを育ててください。

## 焦げついてしまったら？

たっぷりの水を入れて沸騰させてみて。または専用スクレーパーも売られているので、スクレーパーでこすり洗いをすればOK。たわしを使った場合は、火にかけて十分に乾かし、まだ熱いうちに油を塗っておきましょう。

## さびてしまったら？

焦げた場合と同様に、たわしでこすって温水でさびを洗い流します。そして、忘れずに油を塗っておきましょう。

たわしでこすったら油を塗って！と覚えておきましょう

## とにかく熱くなるので取り扱い注意！

蓄熱性の良さが鋳鉄製品の良さですが、何しろ全体が熱くなるので取り扱いには十分に注意してください。コンロやオーブンから出すときにはミトン、鍋敷きは必需品です。

LODGE 社製のかわいい取っ手ホルダーもあります。

鍋敷きも必ず使いましょう。

## やってはいけないことってある？

鋳鉄製品は加熱調理はもちろんですが、冷やして使うのもおすすめ。熱いものはアツアツで、冷たいものはいつまでもヒエヒエで楽しめます。ただし、加熱調理の後、冷たい水で流すなど急冷はひび割れの原因になるのでNGです。また、強火で熱し続けるのも傷めてしまう原因に。最初だけは強火、煙が出たら中火から弱火にして調理するのが上手な使い方です。スキレットの蓄熱性を利用して、予熱調理も上手に活用しましょう。

## フチが欠けて剥がれたように？

ロッジ製品は工場出荷時はすでにシーズニング（慣らし）が行われているからすぐ使えるのが利点。でも、このシーズニング作業時に多めに油がついたところが剥がれてしまい、これが欠けたように見えています。使用上は何の問題もないので安心して使えます。

---

## LODGE 社のこと

**LODGE** 1896・USA

1896年にアメリカ合衆国テネシー州サウスピッツバーグで、ジョセフ・ロッジが創業。110年以上にわたって鋳鉄製のダッチオーブン（鉄鍋）やスキレット（フライパン）はアメリカの家庭で愛され、広く使われています。ロッジ社製品の5mmの均一な厚み、フラットな底面、そしてカバー（フタ）を加えることで、キッチンからアウトドアまでのさまざまな調理を可能にしています。

# Part 1

# Oven

## オーブンでトロトロこんがり
## ほったらかしでごちそうが完成

スキレットまたは鋳鉄製ポットごとオーブンに入れることで、
食材にむらなくゆっくりと火が通り、肉も野菜も熱々ジューシー。
チーズはとろ〜り。いつもよりおいしい！　と感じるはず。

# 本場のダッチパンケーキに挑戦

## ダッチパンケーキ

10¼ スキレット 230℃→220℃／20分

ダッチベイビーの次は、本場アメリカのビッグサイズダッチパンケーキに挑戦。

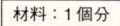

**材料：1個分**

薄力粉…80g
強力粉…20g
塩…ふたつまみ
シナモンパウダー…少々
牛乳…150ml
卵…3個（室温）
無塩バター…20g（室温）

**下準備**
・天板にスキレットを
　のせてオーブンに入れ、
　230℃に予熱する。

**1** 薄力粉、強力粉、シナモン、塩を乾いたボウルの中で混ぜてふるう。牛乳を50℃くらいに温める。

**2** 別のボウルに卵を割りほぐし、**1**の牛乳を加えてあまり泡立てないよう、よく混ぜ合わせる。

**3** **1**の粉類に**2**の半量を加えて泡立て器でよく混ぜ合わせてから、残りの**2**を3回に分けて加え、泡立てないようによく混ぜ合わせる。

**4** 予熱が完了したスキレットにバターを入れて溶かし、全体に回す。**3**を流し入れ、全体を静かに回して生地を均等にし、オーブンに戻し入れる。

**5** 温度を220℃に下げ、オーブン下段で20分焼く。

---

ひとり分だからすぐ作れる!
## ダッチベイビーの作り方

 6½ スキレット

 230℃→220℃／15分

**材料：1個分**

薄力粉…35g
塩…少々
シナモンパウダー…少々
牛乳…50ml
卵…1個（室温）
無塩バター…10g（室温）

**下準備**
・天板にスキレットをのせてオーブンに入れ、230℃に予熱する。

**1** 薄力粉、シナモン、塩を乾いたボウルの中で混ぜてふるう。牛乳を50℃くらいに温める。

**2** 別のボウルに卵を割りほぐし、**1**の牛乳を加えてあまり泡立てないよう、よく混ぜ合わせる。

**3** **1**の粉類に**2**の半量を加えて泡立て器でよく混ぜ合わせてから、残りの**2**を3回に分けて加え、泡立てないようによく混ぜ合わせる。

**4** 予熱が完了したスキレットにバターを入れて溶かし、全体に回す。**3**を流し入れ、全体を静かに回して生地を均等にし、オーブンに戻し入れる。

**5** 温度を220℃に下げ、オーブン下段で15分焼く。

## ダッチパンケーキ
## シカゴピザ風きのこピザ

 10¼ スキレット

"ディープディッシュピザ" "スタッフドピザ" とも呼ばれるシカゴの名物ピザも
ダッチパンケーキでおいしくできちゃいます!

材料:4人分

マリナラソース(下記参照)…250g
玉ねぎ…1個
しめじ…200g
まいたけ…100g
マッシュルーム…6個
EXVオリーブオイル…大さじ2

ダッチパンケーキ(P16～17)…1台分
ピザ用チーズ…200g
牛乳…50ml

1 マリナラソースをスキレットに入れたままさらに10分ほど、かき回しながら煮詰めて水けをとばし、ぽってりさせる。別容器に移す。

2 玉ねぎは薄切りにする。しめじは石づきを取り小房に分ける。まいたけは小房に分ける。マッシュルームは大きいものは4つに、小さいものは半分に切る。

3 洗ったスキレットを強火にかけ、煙が出るまで熱したら弱火にして、オリーブオイルと2の玉ねぎを入れ、しんなりするまで炒める。2のきのこ類を加えてしんなりするまで炒めたら、ダッチパンケーキに詰める。

4 鍋にピザ用チーズと牛乳を入れて中火にかけて溶かし、3の上に流し入れる。さらにその上に温めた1を広げてのせる。

═══

アレンジ自由自在、ぜひ作りおきを!
## マリナラソース

 10¼ スキレット

材料:出来上がり量約250g

にんにく…2片
バジル(生・葉)…8枚
EXVオリーブオイル…大さじ2
トマト水煮(ホール)…400g
塩…小さじ1/2
黒こしょう…小さじ1/2
オレガノ(乾)…小さじ1

1 にんにくはみじん切りにする。バジルは4枚をみじん切り、残りの4枚は加えるときに手でちぎる。

2 スキレットを強火にかけ、煙が出るまで熱したら弱火にして、オリーブオイルと1のにんにくを入れて炒め、香りが立ったらすぐに手でつぶしたトマト水煮と塩を加える。

3 たまにかき回しながら10分ほど煮たら火を止めて、黒こしょう、オレガノ、1のバジルを加える。スキレットの余熱でそのまま5分ほどおき、別の容器に移す。

# ダッチパンケーキ
## アボカドとカマンベールチーズ

 10¼ スキレット 220℃／10分

カリカリのダッチパンケーキの耳と、
熱々のアボカドととろ〜りカマンベールのハーモニーが最高!

【材料：4人分】

ダッチパンケーキ（P16〜17）…1台分
カマンベールチーズ…1個（100g）
アボカド…2個
EXV オリーブオイル…小さじ2

**下準備**

・ダッチパンケーキを焼いたオーブンは
そのまま220℃に予熱しておく。

**1** 焼き上がったダッチパンケーキをオーブンから取り出す。

**2** 1のパンケーキの中央にカマンベールチーズをおき、周りに横5〜6mm厚さに切ったアボカドをのせる。アボカドにオリーブオイルを回しかける。

**3** オーブンに戻し入れ10分焼く。

# ダッチパンケーキ
# はちみつとゴルゴンゾーラチーズ

10 1/4 スキレット　220℃／5分

焼きたてのダッチパンケーキに香りのいいゴルゴンゾーラはたまらない！
好きなだけはちみつをかけて召し上がれ。

材料：4人分

ダッチパンケーキ（P16〜17）…1台分
ゴルゴンゾーラチーズ…50g
はちみつ…適量

**下準備**
・ダッチパンケーキを焼いたオーブンは
　そのまま220℃に予熱しておく。

\ *Hint!* /

ゴルゴンゾーラチーズは、ドル
チェ、ピカンテ、お好みのもの
を使ってくださいね。

1 焼き上がったダッチパンケーキをオーブンから取
　り出す。
2 1の上に手で小さくちぎりながらゴルゴンゾーラ
　チーズを全体に均等におく。
3 オーブンに戻し入れて、チーズが溶けるまで5分
　ほど焼く。熱いうちに4つに切り分け皿に盛り
　付け、好みの量のはちみつをかける。

# ダッチパンケーキ
# バーニャカウダサラダボウル

10¼ スキレット　ミニサービングボウル

バーニャカウダソースをドレッシングに
ダッチパンケーキボウルにリボン野菜などを詰め込みました。

材料：4人分

**バーニャカウダドレッシング**
　にんにく…丸ごと1個
　EXVオリーブオイル…大さじ4
　アンチョビ…1缶（56g入り）
　生クリーム…大さじ4

サニーレタス…1/2個
だいこん…1/4本
にんじん…1本
きゅうり…1本
ミニトマト…8個
じゃがいも…2個

ダッチパンケーキ（P16〜17）…1台分
ケーパー…適量
ピンクペッパー…適量

1　ドレッシングを作る。にんにくの皮をむきオーブントースターで、約5分こんがりと焼く。

2　ミニサービングボウルにオリーブオイルと**1**を入れ、ブレンダーでにんにくをつぶす。アンチョビをオイルごと加えて弱火にかけ、2分煮て火からおろす。生クリームを加えて再びブレンダーで乳化するまで混ぜ合わせる。

3　サニーレタスは手でちぎる。だいこん、にんじん、きゅうりはピーラーでリボン状に薄切りして、水にさらしてからざるにあげて水けをきる。ミニトマトはヘタを切り落として4つまたは半分に切る。じゃがいもは皮のまま茹で、熱いうちに皮をむいて一口大に切る。

4　ダッチパンケーキをボウルにして、**3**を盛り付け、ケーパーとピンクペッパーをトッピングし、**2**をかける。

## ダッチパンケーキ りんごとキャラメルナッツ

10¼ スキレット

りんごとキャラメルの組み合わせは定番中の定番。
甘酸っぱい香りとナッツの香ばしさがダッチパンケーキに包まれます。

### 材料：4人分

**キャラメルソース**
　グラニュー糖…100g
　水…大さじ2
　生クリーム…200ml

ダッチパンケーキ（P16〜17）…1台分
りんご…2個
スライスアーモンド…適量
くるみ…適量

**Hint !**
**3**の工程では、一度に大量のクリームを加えるとキャラメルが固まってしまうので、すこーしずつ加えては混ぜるを繰り返してくださいね。

1　キャラメルソースを作る。ステンレスの鍋にグラニュー糖を広げて入れ、水を入れてまんべんなく行き渡らせる。

2　**1**を強めの中火にかけ、鍋肌から茶色くなってきたら、火から鍋を少し遠ざけ鍋を静かに回しながら好みの色合いになるまで煮る。

3　**2**を火からおろし、生クリームをごく少量ずつ加え、その都度かき混ぜる。冷蔵庫で冷やす。

4　りんごは皮をむいて16等分のくし形切りにして芯を取る。

5　焼き上がったダッチパンケーキに、**4**を並べ、**3**を適量回しかける。ナッツ類をトッピングする。

# こんがりごちそうスキレット料理

サービング
ポット1qt　180℃／上段**20**分＋下段**20**分

# じゃがいもとツナの重ね焼き

薄切りにしたじゃがいもの重ね焼きの中央にはツナサラダがたっぷり！
子供も大好きになること間違いなしですね。

材料：4人分

玉ねぎ…1/2個
じゃがいも…7個（約750g）
EXVオリーブオイル…大さじ2
ツナ…1缶（140g入り）
マヨネーズ…大さじ3
クミンパウダー…小さじ1/2
黒こしょう…少々
塩…小さじ1/2

**下準備**
・オーブンは180℃に予熱する。

1 玉ねぎはみじん切りにする。じゃがいもは皮をむき、スライサーを使って薄い輪切りにする（水にさらさない）。

2 ポットの内側にオリーブオイル大さじ1を塗る。1のじゃがいもの半量をポットの底と側面にドームになるように貼りつける。

3 ツナの油をよくきってボウルに入れ、1の玉ねぎ、マヨネーズ、クミンパウダー、黒こしょうを混ぜて、2に詰め込む。

4 残りのじゃがいもを3の上にフタをするように重ねておき、最後に残りのオリーブオイルを表面に塗り、塩を振る。オーブン上段で20分、下段で20分焼く。

# タンドリーチキンレッグ

 $10\frac{1}{4}$ スキレット 200℃／30分

インドの鶏料理の代表タンドリーチキン。
インド人が多く住むアメリカにはインド料理屋さんもいっぱいあるのです。

材料：2人分

鶏もも肉（骨付き）…2本

**ブレンドスパイス**
　　パプリカパウダー…大さじ1
　　クミンパウダー…小さじ1
　　ターメリックパウダー…小さじ1
　　ガラムマサラ…小さじ1
　　チリパウダー…小さじ1/2
　　ジンジャーパウダー…小さじ1/2
　　塩…小さじ1/2
プレーンヨーグルト…100g
トマトケチャップ…大さじ1

ローズマリー（生）…適量

**下準備**
・オーブンを200℃に予熱する。

1　鶏肉は余分にはみ出た皮や脂を切り取り、皮の反対側の肉に、骨に沿って切り込みを1本入れる。塩適量（分量外）をもみ込み、15分ほど室温においてから洗い流す。ペーパータオルなどでしっかり水けをとる。

2　ブレンドスパイスをすべて混ぜ合わせる。ヨーグルトとトマトケチャップを加えて混ぜ、1にもみ込み、室温で15分以上漬け込む。

3　2をスキレットにのせ、オーブンで30分焼く。焼き上がったらローズマリーをあしらう。

\\ *Hint!* /
・骨付きの鶏肉には、赤い血の塊がついていることもあります。1でよく洗い流してくださいね。
・1で切り込みを入れるのは、火の通りをよくし、食べやすくするためです。

# パプリカハンバーグ

ダブル
ダッチオーブン　220℃／40分

大きなパプリカに詰まったハンバーグ。肉汁だって逃しません!
見た目もカラフル、ジューシーでおいしいですよー。

## 材料：4人分

玉ねぎ…1個
パセリ（生）…適量
EXV オリーブオイル…大さじ2
牛豚合いびき肉（室温）…500g
卵黄…2個分
パン粉（生）…40g
牛乳…60ml
塩…小さじ1/2
黒こしょう…少々
パプリカ（赤・黄）…各2個
ピザ用チーズ…40g

### ソース

赤ワイン…大さじ3
中濃ソース…大さじ2
トマトケチャップ…大さじ3
黒こしょう…少々

### 下準備

・オーブンは200℃に予熱する。

1 玉ねぎ、パセリはみじん切りにする。ダッチオーブンのフタを逆さまにして強火にかけ、煙が出たら中火にし、オリーブオイルと玉ねぎを加えて1〜2分炒める。器に移して粗熱をとる。

2 ひき肉に卵黄、パン粉、牛乳、塩、黒こしょうを加えて粘りが出るまで手でよくこねる。1を加えてよく混ぜ合わせる。

3 パプリカの、上から1/4くらいを切り取り、中の種を取り除く。2をきっちりと詰め込む。

4 ダッチオーブンに3を4個並べておき、切り取った頭の部分も隙間に入れる。1で使ったフタをペーパータオルなどで拭き取ってからかぶせ、オーブンで40分蒸し焼きにする。竹串を刺してみて肉汁が透き通っていれば出来上がり。ピザ用チーズを10gずつのせ、フタをしてオーブンの余熱の中に5分ほどおき、チーズを溶かす。

5 焼いている間にソースを作る。小鍋に赤ワインを入れて強火にかけアルコールをとばし、中濃ソースとケチャップを加えて混ぜ合わせ、火からおろす。最後に黒こしょうを加える。

6 皿に盛り付け、ソースをかけて1のパセリを振る。

\ Hint! /

3で肉を詰め込む際は、こんもりと山盛りになっても大丈夫です。

**6½** スキレット 200℃／30分＋15分

# ハッセルバックポテト ＆ アーティチョークディップ

北欧のじゃがいも料理にアメリカンディップをプラスしました。
熱々のじゃがいもに熱々のディップをつけて召し上がれ！

材料：3人分

じゃがいも（メークイン）…3個
にんにく…5〜6個
ピンクペッパー…適量
EXVオリーブオイル…大さじ2

**アーティチョークディップ**
　アーティチョーク（びん詰）…50g
　にんにく…1/2片
　マヨネーズ…30g
　パルメザンチーズ（粉）…大さじ2

**付け合わせ**
トルティーヤチップス…適量

**下準備**
・オーブンを200℃に予熱する。

*Hint !*
火傷に注意してください。

**1** じゃがいもの皮をたわしできれいに洗い、水けをきる。じゃがいもの手前と後ろに割りばしを1本ずつおき、端から厚み3mm程度に切り込みを入れる。流水で切り口をすべて洗う。

**2** にんにくをなるべく薄く切り、**1**のすべての切れ目にはさむ。

**3** **2**をスキレットにおき、ところどころにピンクペッパーをはさむ。上からオリーブオイルをかけ、オーブンで30分焼く。

**4** 焼いている間にディップを作る。アーティチョークは、水けをペーパータオルなどでしっかり拭き取り、みじん切りにする。にんにくはすりおろす。

**5** **4**、マヨネーズ、粉チーズを混ぜ合わせる。

**6** **3**のスキレットの下にたまったオイルをボウルなどに取り、スキレットの中央に**5**を入れる。取り出したオイルをじゃがいもの上にかけ、オーブンに戻し入れさらに15分焼く。

**7** 出来上がりにトルティーヤチップスを添える。

アーティチョークディップ

# カリフラワーステーキ ＆ ディップ

10¼ スキレット　ミニサービングボウル

230℃／15分＋15分

オリーブオイルと黒こしょうをつけてオーブンの中で焼成。
たったそれだけで抜群においしい！　半分はディップをつけて。

材料：4人分

カリフラワー…1個
EXV オリーブオイル…大さじ4
黒こしょう…適量
アーティチョークディップ（P31）
　…レシピ通り

**下準備**
・オーブンを230℃に予熱する。

1　カリフラワーは葉を除き、茎の中心で半分に切り分ける。それぞれ板状になるように花の部分を切り取る。切り取った花は小房に分ける。

2　オリーブオイルと黒こしょうをバットに入れて混ぜ、1 の板状のカリフラワー2枚と、切り落として小房に分けた部分につける。

3　2 をスキレットに入れ、オーブンで15分焼く。

4　ミニサービングボウルにディップを入れ、3 の天板の空いているところにおき、さらに15分焼く。

## あめ色玉ねぎのキッシュ

 ❾ スキレット 🔲 200℃／30分

ロッジのスキレットなら、あめ色玉ねぎが短時間で簡単に作れちゃう。
甘みと香ばしさをぎゅっと詰め込みました。

材料：4〜6人分

玉ねぎ…大3個（約900g）
冷凍パイシート（15×15cm）…1枚
無塩バター…大さじ1
塩…小さじ1/2
卵…3個
生クリーム…100ml
粗挽き黒こしょう…適量

**下準備**
・オーブンを200℃に予熱しておく。

玉ねぎはできるだけ薄く
切ってくださいね。より早
くあめ色になります。

1 玉ねぎは繊維に沿って薄切りにする。冷凍パイシートは室温において解凍する。

2 大きめのスキレット（10 1/4インチや12インチなど）を強火にかけ、煙が出るまで熱したら弱火にして、バター、1の玉ねぎ、塩を加えて5分ほどかき回しながら炒める。フタをして5分蒸し焼きにしたらフタを取り、さらに5分かき回しながら炒める。

3 1のパイシートは、めん棒で17×17cmにのばし、直径17cmの円に切り取る。スキレットの形に合うよう敷き詰めて、底の部分にフォークで穴をあける。

4 ボウルに卵を溶きほぐし、生クリームを加えて混ぜ合わせる。粗熱のとれた2を加えて混ぜたら3に入れる。オーブンに入れて30分焼く。仕上げに粗挽き黒こしょうを振る。

# 南西部風シェパードパイ

10 1/4 スキレット

200℃／下段**15**分＋上段**10**分

イギリスからアメリカに渡ったシェパードパイに、
ハラペーニョ、コーン、パプリカ、クミンの香りを加えてアメリカ南西部テイストに。

材料：4〜6人分

**クリームポテト**
　じゃがいも…6個（約650g）
　無塩バター…20g
　牛乳…120ml

玉ねぎ…1個
ハラペーニョ（びん詰）…2本
パプリカ…1/2個
コーン（缶詰）…1缶（450g）
万能ねぎ…2〜3本
牛豚合いびき肉…700g
薄力粉…大さじ2
マリナラソース（P19）…250g
クミンパウダー…小さじ1/2
オレガノ（乾）…小さじ1
ピザ用チーズ…200g

**下準備**
・オーブンは200℃に予熱する。

**1** クリームポテトを作る。じゃがいもと、かぶる量の水（分量外）を鍋に入れ、中火にかける。沸騰したら弱火にしてじゃがいもの芯に火が通るまで茹でる。熱いうちに皮をむき、フォークなどでつぶしてバターを混ぜる。牛乳を加えてブレンダーなどでクリーム状にする。ラップを密着させておく。

**2** 玉ねぎ、ハラペーニョ、パプリカはみじん切りにする。コーンはしっかり水けをきる。万能ねぎは小口切りにする。

**3** スキレットを強火にかけ、煙が出るまで熱したら弱火にしてひき肉を入れ、半分程度色が変わるまで炒める。**2**の玉ねぎと薄力粉を加えて炒め合わせる。

**4** マリナラソース、**2**のハラペーニョ、クミンパウダー、オレガノを加えてぽってりするまで炒めたら火からおろし、表面を平らにならす。

**5** **2**のパプリカ、コーンを**4**に広げてのせ、**1**を平らにのせる。全体にピザ用チーズをのせ、**2**の万能ねぎを散らし、オーブンの下段で15分、上段で10分焼く。

**9** スキレット 　200℃／**10**分＋**5**分

# ミートボールイタリアン

たっぷりパセリのミートボールをマリナラソース煮込み風に。
チーズとバジルで焼き上げたらワインにぴったりな一品になりました。

材料：4人分

**ミートボール**
　　パセリ（生・葉）…20g
　　牛豚合いびき肉…400g
　　卵…1個
　　塩…小さじ1/2
　　カレー粉…小さじ1/2

マリナラソース（P19）…250g
ピザ用モッツァレラチーズ…60g
パルメザンチーズ（粉）…大さじ1
バジル（生・葉）…4枚

**下準備**
・オーブンを200℃に予熱する。

1　パセリはみじん切りにする。

2　ボウルにひき肉を入れ、1、卵、塩、カレー粉を加えて手でよく練る。手のひらで叩きながら空気を抜き、16個のボール形に丸め、150〜160℃の油（分量外）で7〜8分揚げる。

3　スキレットにマリナラソースを入れて、2を加え、モッツァレラチーズを広げてのせる。オーブンに入れて10分焼く。10分たったら一度取り出してパルメザンチーズを振り、バジルをのせてオーブンに戻し入れてさらに5分、ほんのり焼き色がつくまで焼く。

# 豚肉野菜のハーブロースト

10 1/4 スキレット

200℃／20分＋10〜15分

ひれ肉のやわらかさに驚くはず。シンプルな食材、シンプルな味付け、
シンプルな作り方なのにこんなにもおいしいなんて。

材料：4人分

豚ひれ肉…1本（約200g）
カリフラワー…1/4個
かぼちゃ…1/4個
りんご…1/2個
レモン…1/2個
いんげん…8本
ミニトマト…8個
EXVオリーブオイル…大さじ4
ハーブソルト（市販品）…小さじ1
白ワイン…大さじ1
粗挽き黒こしょう…適量

**下準備**
・オーブンを200℃に予熱する。

\ *Hint!* /

召し上がる直前にも、黒こしょう
を混ぜたオリーブオイルをかけて
ください。オリーブオイルの香り
が引き立ちますよ。ハーブソル
トはお好みの市販品でどうぞ。

**1** 豚肉は3cm幅に切る。カリフラワーは一口大に
切る。かぼちゃはところどころ皮をむいて一口大
に切る。りんごは皮をむき、芯を取って一口大に
切る。レモンは塩適量（分量外）でもみ洗いし、
皮のままくし形切りにする。いんげんはヘタを
切って半分に切る。トマトはヘタをつけたままよく
洗う。

**2** ボウルにオリーブオイル大さじ2とハーブソルトを
入れ、**1**の豚肉、カリフラワー、かぼちゃを入れて
和える。

**3** スキレットに**2**をいっぱいに広げておき、隙間に**1**
のりんご、レモン、いんげんとミニトマトをのせ、**2**の
ボウルに残っているオリーブオイルを回しかける。

**4** オーブンに入れ、20分焼く。20分たったら天板
ごと取り出して、残りのオリーブオイル大さじ2と
白ワインを混ぜて回しかける。さらに10〜15分、
全体に焼き色がつくまで焼く。仕上げに粗挽き
黒こしょうを振る。

# チキンヌードルポットパイ

🔲 200℃／15〜20分

オーブン煮込みの醍醐味ポットパイをアメリカ定番チキンヌードルスープで。
ヌードルとはショートパスタのことなんです。

【材料：2人分】

鶏むね肉…1枚
水…700ml
玉ねぎ…1個
にんじん…1本
じゃがいも…1個
セロリ…2本
マッシュルーム…5個
コーン（缶詰）…150g（実のみ）
冷凍パイシート（15×15㎝）…1枚
EXV オリーブオイル…大さじ2
薄力粉…大さじ2
白ワイン…50ml
タイム（乾）…小さじ2
ショートパスタ（ファルファッレ）…50g
塩…小さじ1〜1と1/2

**下準備**

・オーブンは200℃に予熱する。

 Hint!

ショートパスタはファルファッレを
使っていますが、マカロニやペン
ネなどお好みのもので作ってくだ
さい。タリアテッレのような平た
いヌードルパスタを短く折って加
えるのもありですよ。

1 鶏肉に塩適量（分量外）をもみ込み、15分ほどおい
て洗い流して水けをきる。分量の水と一緒にサー
ビングポットに入れ、中火にかける。沸騰したら弱
火にして10分、アクを取りながら茹でる。火が通っ
たら取り出して一口大に切る。茹で汁はそのまま
ポットに残す。

2 玉ねぎは繊維に沿って薄切りにする。にんじん、
じゃがいもは皮をむいて一口大に切り、じゃがいも
は水にさらす。セロリは2㎝幅に切る。マッシュ
ルームは半分に切る。コーンは水けをきる。パイ
シートは室温におき解凍する。

3 スキレットを強火にかけ、煙が出るまで熱したら弱火
にしてオリーブオイルを加え、2の玉ねぎをしんなり
するまで炒めたら薄力粉を加え、粉気がなくなるまで
炒める。

4 1のポットに、2のにんじん、水けをきったじゃがい
も、3、白ワイン、タイムを加えて強火にかけ、沸騰し
たら弱火にして5分ほど煮る。

5 4に1の鶏肉、2のセロリ、マッシュルーム、コーン
とパスタを加えて塩で味を調え、火からおろす。

6 パイシートをめん棒で22×22㎝にのばし、5のポッ
トにかぶせ、ポットの縁に沿って指で軽く押さえる。
オーブンで15分〜20分、パイに焼き色がつくまで
焼く。

# チキンマカロニ & チーズ

 10¼ スキレット 220℃／15分

定番のマカロニ&チーズにソテーチキンを加えると、
大人も子供ももっともっと好きになる!

材料：4人分

鶏むね肉（皮なし）…1枚
EXV オリーブオイル…大さじ1
玉ねぎ…1/2個
エルボーマカロニ…120g
無塩バター…15g
薄力粉…大さじ2
牛乳…300ml
生クリーム…60ml
ピザ用チェダーチーズ…120g
パルメザンチーズ（粉）…10g

**下準備**
・オーブンを220℃に予熱する。

1 鶏肉に塩適量（分量外）をもみ込み、15分ほどおいて洗い流し、水けを拭き取る。厚みが均等になるように切り開く。スキレットを強火にかけ、煙が出るまで熱したら弱火にしてオリーブオイルを加え、鶏肉を入れ両面を2分ずつ焼く。鶏肉を取り出し、一口大に切る。スキレットはさっと拭く。

2 玉ねぎはみじん切りにする。

3 マカロニは塩（分量外）を入れた熱湯で、袋の表記の時間より1分ほど短く茹でてざるにあげる。

4 1のスキレットにバターを入れて弱火で溶かす。薄力粉を加えて粉気がなくなるまで炒めたら、牛乳を少しずつ加えてのばす。生クリーム、ピザ用チーズ、パルメザンチーズ、2を入れて火からおろす。

5 4に1の鶏肉、3を加えて混ぜ合わせ、オーブンで15分、ほんのり焼き色がつくまで焼く。

# ちぎりビスケット

 10¼ スキレット 220℃／15〜20分

焼きたてのビスケットをスキレットごとテーブルに出してみましょう。
ひとつ取っては、温かいビスケットをほおばれる幸せ。

材料：15個分

薄力粉…250g
ベーキングパウダー…大さじ1
塩…小さじ1
無塩バター…60g
生クリーム…200ml

**付け合わせ**
メープルシロップ、ジャム、はちみつなど
　…各適宜

**下準備**
・オーブンは220℃に予熱する。

**1** ボウルに薄力粉、ベーキングパウダー、塩を入れて混ぜ合わせる。

**2** バターは冷蔵庫から出してすぐに小さく切って**1**に加え、粉の中でバターを指でつぶしながらぽろぽろになるまで混ぜる。

**3** **2**に生クリームを加えて混ぜる。べたべたと手につくようなら薄力粉を足し、よくこねる。ひとまとめにし、めん棒で直径約20cm、厚み約1.5cmの円にのばし、直径5cmのセルクルで抜く。余った生地を再度丸くのばして抜く。

**4** **3**をスキレットに隙間をあけずに並べ、オーブンで15〜20分、焼き色がつくまで焼く。メープルシロップ、ジャムなどを添える。

# トマトチーズ味噌ケークサレ

ミニサービング
ボウル2個

200℃／**8**分＋160℃／**15**分

ほんのりはちみつ味噌の香りがおいしいケークサレ!
ミニサービングボウルで作る丸い形が可愛い。

### 材料：2個分

ミニトマト…6個
プロセスチーズ…60g
ハム…10枚
薄力粉…100g
ベーキングパウダー…小さじ1
卵（室温）…2個
はちみつ…小さじ1
みそ…小さじ2
EXV オリーブオイル…大さじ3
パセリ（乾）…少々

### 下準備

・オーブンを200℃に予熱する。

**1** ミニトマトはヘタを切り取り、切り口にフォークを刺して皮の上から指で軽く実を押し、種を出してから半分に切る。チーズは約1.5cmの角切りにする。ハムは5枚ずつ重ねて約1cmの角切りにする。

**2** 薄力粉とベーキングパウダーは、混ぜ合わせてふるう。

**3** ボウルに卵を溶きほぐし、みそをはちみつで溶いたものと、オリーブオイルを加えてよく混ぜ合わせる。

**4** **2** に **3** を加え、滑らかになるまで混ぜ合わせる。

**5** 2個のミニサービングボウルに薄くオリーブオイル（分量外）を塗り、茶こしなどで薄力粉（分量外）を振りかけ、余分な粉を落とす。それぞれのミニサービングボウルに均等に **4** を分け入れる。

**6** **5** に **1** の半量をのせ、箸などで生地の中に押し込む。残りの **1** を生地の上にのせる。

**7** **6** にパセリを振りかけ、オーブンで8分、160℃に下げて15分焼く。

# 牡蠣グラタン

6½ スキレット　ミニサービングボウル2個　230℃／15分

サッとソテーしたプリプリのかきをグラタンにしました。
鉄鍋で作るからこそ、最後のひとくちまで熱々ハフハフのまま。

材料：2個分

かき（むき身）…8個
玉ねぎ…1/4個
無塩バター…20g
薄力粉…大さじ2
牛乳…300ml
塩…小さじ1/2
パン粉（乾）…15g

**下準備**
・オーブンを230℃に予熱する。

1　かきは流水で10秒ほど流して洗い、ペーパータオルなどで水けをしっかり拭き取る。

2　玉ねぎは繊維にそって薄切りにする。

3　スキレットを強火にかけ、煙が出るまで熱したら弱火にしてバターの半量を入れ、1をのせてサッと両面をソテーする。牡蠣を取り出してミニサービングボウル2個に並べる。空いたスキレットに2を入れて、しんなりするまで弱火で炒める。

4　3に薄力粉を入れて玉ねぎにからめ、粉気がなくなるまで炒めたら牛乳と塩を加えて混ぜる。沸騰直前に火からおろし、3のかきの上からそれぞれに均等に流し入れる。

5　4の上面にパン粉を広げ、ところどころに残りのバターを少量ずつのせる。オーブンで15分、焼き色がつくまで焼く。

# チキンロースト薬膳風

 10¼ スキレット 200℃／40分

茹でた大麦と小豆の上にジンジャーオイルに浸した鶏肉をのせてロースト。
メープル醤油を塗った鶏皮の香ばしさが最高です。

材料：4人分

大麦（乾）…100g
小豆（乾）…100g
鶏もも肉…2枚
EXV オリーブオイル…大さじ2
ジンジャーパウダー…小さじ1
ミニトマト…4個

**ソース**
　しょうゆ…大さじ1
　メープルシロップ…大さじ1/2

**下準備**
・オーブンを200℃に予熱する。

1　大麦は水洗いして、たっぷりの水（分量外）と一緒に鍋に入れて中火にかけ、やわらかくなるまで茹でてざるにあげ、サッと水洗いして水けをきる。

2　小豆は水洗いして、たっぷりの水（分量外）と一緒に鍋に入れて強火にかけ、沸騰したら一度茹でこぼし、再度水を入れて中火にかける。途中沸騰させないようさし水をし、やわらかくなったら湯をきり、サッと水洗いして水けをきる。

3　鶏肉は肉からはみ出た余分な皮を切り取り、塩適量（分量外）をもみ込み、15分ほどおいて水洗いしてしっかり水けを拭き取り、半分に切る。

4　ボウルにオリーブオイルとジンジャーパウダーを入れて混ぜ、3 を加えてよく和える。

5　スキレットに 1 と 2 を混ぜて敷き詰め、4 の皮目を上にして並べる。ヘタを取ったミニトマトものせ、オーブンで40分焼く。30分経ったところで天板ごと取り出し、混ぜ合わせたソースをはけで数回に分けて鶏皮に塗り、焼き上げる。

# Part 2

# Gas Top
# IH Cooking Heater

## ガスコンロ／IH調理器で熱々ささっと
## 出来上がりはそのままサーブ

焼く、蒸す、煮る、燻す…コンロの上なら、
どんな調理にも力を発揮するキャストアイアン調理器です。
そのままテーブルに出せるおしゃれさ、いつまでも熱々なのも嬉しいですね。

# Gas Top / IH Cooking Heater
# 熱々ささっとそのままサーブ

# スキレットソテーの
# ローストビーフ風

**9** スキレット ━ フタ ◢IH

オーブンローストなしで最高においしいローストビーフに。
スキレットの蓄熱性がものを言うのです。

$\boxed{\text{材料：4人分}}$

牛肉ブロック
　（好みの部位・室温）…500g
塩…小さじ1/2
黒こしょう…適量
牛脂…適量
赤ワイン…100ml
ハニーガーリックジンジャー醤油
　（下記参照）…大さじ3

**付け合わせ**
　ケール…適量

1 しっかりと室温にもどした牛肉に、塩と黒こしょうを振り、もみ込む。
2 スキレットを強火にかけ、煙が出るまで熱したら中火にして牛脂を入れて溶かす。1を入れ、両面を2分ずつ、側面を1分半ずつ焼く。
3 赤ワイン50mlを加え、ひと煮立ちしたら火を止めてフタをし、スキレットが素手で持てるようになるまでそのまま冷ます。肉を取り出し、アルミホイルで二重に包んで完全に冷ましてから冷蔵庫で冷やす。
4 たれを作る。3のスキレットに残った肉汁に残りの赤ワイン50mlを加えて強火にかけ、沸騰したら中火にして、ハニーガーリックジンジャー醤油を加える。かき回しながら1分ほど煮詰めたら、器に移す。
5 切り分けた3を皿に盛り付け、4をかける。ケールなど野菜を添える。

＼ *Hint!* ／

・牛肉は必ず室温にもどしてから調理してくださいね。
・レア仕上げにしたい場合は、3でアルミホイルに包む工程を省き、スキレットからバットなどに移してラップをして冷蔵庫で冷やしてください。しっかり冷やしてから切ると薄く切れます。

肉料理などいろいろ使えて便利!
## ハニーガーリックジンジャー醤油

$\boxed{\text{材料：作りやすい分量}}$

にんにく（みじん切り）…大さじ1
しょうが（みじん切り）…小さじ2
はちみつ…150g
しょうゆ…60ml

材料をボウルに入れてよく混ぜ合わせる。

# チキンパルメザン
# グレープフルーツソース

**9** スキレット

鶏肉の肉と皮の間にチーズを詰めて皮パリに焼きました。
グレープフルーツとバルサミコのソースがさっぱりと。

---

材料：1〜2人分

鶏もも肉…1枚
**A** 酒…大さじ2
　グレープフルーツ果汁…大さじ2
パルメザンチーズ（塊）…50g
油…小さじ1

**ソース**
　**B** バルサミコ酢…大さじ2
　　しょうゆ…大さじ1
　　みりん…大さじ1
　グレープフルーツ果汁…250ml

**付け合わせ**
　グレープフルーツ…実を数個
　ケール…適量

1　鶏肉は皮の一部をはがし、肉と皮で袋状にする。グレープフルーツは絞って280mlにする。

2　ボウルに**A**を入れ、**1**の鶏肉を30分ほど漬け込んだら、ボウルから取り出して肉と皮の間にすりおろしたパルメザンチーズを詰め込む。

3　スキレットを強火にかけ、煙が出るまで熱したら弱火にして油を加え、**2**の皮目を下にして入れて、7〜8分動かさずに焼き付ける。裏返して3〜4分、完全に火が通るまで焼く。

4　焼いている間にソースを作る。**B**、**1**のグレープフルーツ果汁100mlを鍋に入れ、とろみがつくまで煮詰めたら、残りのグレープフルーツ果汁を加えてひと煮立ちさせる。

5　**3**を取り出して半分に切り、スキレットに戻し入れて**4**をかける。

6　包丁で残りのグレープフルーツの皮をむき、実を袋から切り取る。ケールと一緒に**5**に添える。

\ *Hint !* /

グレープフルーツは付け合わせの分まで入れると2〜3個必要です。ホワイトかルビーはお好みで。

# 男前なボリュームハンバーグ

**9** スキレット ◯/IH

肉汁を逃さず、じっくり火が通るスキレットで作るハンバーグのおいしさったら！
大きく焼いて男前ハンバーグの出来上がり。

| 材料：1人分 |

**ハンバーグ**
　玉ねぎ…1/2個
　油…大さじ1
　塩…少々
　黒こしょう…少々
　牛ひき肉…100g
　牛豚合いびき肉…50g
　**A** パン粉（生）…10g
　　牛乳…大さじ1
　　卵黄…1個分
　　塩…少々
　牛脂…少量

**付け合わせフライドポテト**
　じゃがいも…1個
　塩…小さじ1/2

**ソース**
　**B** 赤ワイン…大さじ1
　　中濃ソース…大さじ1
　　トマトケチャップ…大さじ2
　　みりん…小さじ2

**付け合わせ**
　**C** 冷凍コーン…100g
　　有塩バター…小さじ2
　　塩…少々
　クレソン…適量

**1** 玉ねぎはみじん切りにする。

**2** スキレットを強火にかけ、煙が出るまで熱したら弱火にして油を加え、**1**、塩、黒こしょうを入れて、しんなりするまで炒めたら、バットなどに移して冷ます。

**3** ボウルにひき肉と**A**を入れて手でよく練り、**2**を加えてさらによく練る。ラップをして冷蔵庫で1時間ほど休ませる。

**4** 休ませている間に、付け合わせのフライドポテトを作る。じゃがいもは皮のまま、ふた口大くらいの乱切りにして水にさらし、水けをしっかりと拭き取る。160℃くらいの揚げ油（分量外）で揚げる。熱いうちに塩を振る。

**5** **3**を手のひらでキャッチボールをして空気を抜き、平らな楕円形に成形する。

**6** **2**のスキレットをさっと水洗いして、再び強火にかけ、煙が出るまで熱したら弱火にして、牛脂を入れて溶かし、**5**を入れ1分ほど焼いたら裏返す。フタをせずにゆっくり、たまに裏返しながら焼く。周りにアクが出てくるので丁寧にすくって取り除く。

**7** 焼き上がった**6**のハンバーグを一度取り出し、肉汁は残したまま**B**を加えて中火でひと煮立ちさせて火からおろし、ボウルなどに移す。

**8** **7**のスキレットをペーパータオルなどできれいに拭き取り、**C**を入れて再び中火にかけて炒めたら火からおろし、端に寄せ、**6**のハンバーグ、**4**、クレソンを盛り付ける。ハンバーグに**7**のソースをかける。

\ *Hint!* /

スキレットのまま盛り付けてテーブルに出せば、食べている間も火が通ります。牛肉100%で作って、ミディアムレアな焼き加減でサーブするのもありですよー。

# チリビーンズ
## 玉ねぎみじん切り & とろけるチーズ添え

 スキレット

アメリカで「チリ」と呼ばれ、スープとしてメニューに載っているのがこれ。
玉ねぎのみじん切りと、とろけるチーズをトッピングするのが大定番です。

材料：4人分

にんにく…2片
玉ねぎ…2個
キドニービーンズ（缶詰）
　　…1缶（432g入）
ひよこ豆（缶詰）…1缶（400g）
油…大さじ2
牛豚合いびき肉…300g
チリペッパー…大さじ1
トマト水煮（カット）…400g
水…300ml
みそ…50g
粗挽き黒こしょう…少々

**トッピング**
　玉ねぎ（みじん切り）…適量
　ピザ用チーズ…適量

1　にんにく、玉ねぎはみじん切りにする。キドニービーンズ、ひよこ豆は水けをきる。

2　スキレットを強火にかけ、煙が出るまで熱したら弱火にして油を加え、1のにんにくを入れて炒め、香りが立ったら玉ねぎを入れ、しんなりとするまで炒める。

3　ひき肉とチリペッパーを加え、パラパラになるまで炒めたら、1のキドニービーンズとひよこ豆を加え、トマト水煮、水、みそを加え、弱火で煮込む。

4　好みの水分量になるまで煮込んだら、仕上げに粗挽き黒こしょうを加える。

5　器に盛り付け、熱いうちに玉ねぎのみじん切りとピザ用チーズをトッピングする。

 *Hint!*

アメリカのレストランでは、チリをオーダーすると必ず「玉ねぎとチーズはどうする?」と聞かれます。生の玉ねぎのみじん切りがトッピングされて出てきた時は驚きましたが、これがすこぶるおいしい。しっとり煮えたチリビーンズの中の、フレッシュな玉ねぎの食感と香りが最高においしいのです。

**9** スキレット

# ポークチョップとアスパラガスの
# レモンバルサミコソテー

しっかりこんがり焼いたポークチョップの横でアスパラもこんがり。
スキレットひとつで楽々クッキング。

材料：1人分

豚もも肉ステーキ用…2枚
塩…少々
粗挽き黒こしょう…少々
アスパラガス…4本
ミディトマト…1個
油…大さじ1
バルサミコ酢…大さじ2
しょうゆ…小さじ1
レモン果汁…大さじ1

1 豚肉は、筋を切り、両面に塩、粗挽き黒こしょうを振る。

2 アスパラガスは、はかまと根元のかたい部分を取る。ミディトマトは、縦半分に切る。

3 スキレットを強火にかけ、煙が出るまで熱したら弱火にして油を加え、1を焼く。たまに裏返しながら中に火が通るまで焼く。

4 2のアスパラガスを肉の横で転がしながら焼く。

5 4にバルサミコ酢を加え、煮立ったら火を止め、しょうゆとレモン果汁を加え、ミディトマトを添える。

# ガーリック照り焼きサーモン

 ⑨ スキレット

アメリカの日本食レストランで大人気の定番メニュー。
にんにくのきいたオリジナル調味料で仕上げてみました。

## 材料：1人分

サーモンフィレ…1切（約200g）
塩…少々
粗挽き黒こしょう…少々
油…大さじ2
ハニーガーリックジンジャー醤油
　　（P49参照）…大さじ3

**付け合わせ**
　　茹でとうもろこし…1/2本
　　クレソン…適量

**1** サーモンに塩と粗挽き黒こしょうを振る。

**2** 茹でとうもろこしは、半分に切る。

**3** スキレットを強火にかけ、煙が出るまで熱したら弱火にして油を加え、**1**を入れて両面を焼く。サーモンの横に**2**を入れて、焼き色がつくまで焼いて取り出す。

**4** サーモンに火が通ったら、ハニーガーリックジンジャー醤油をかけて火からおろす。

**5** **3**のとうもろこしとクレソンを盛り付ける。

\ Hint! /

日本ではあまり見かけないサーモンの照り焼きですが、アメリカでは日本食の定番メニューのひとつです。照り焼きチキンはもちろん、照り焼きビーフやサーモンも大人気。TERIYAKIはそのまま英語にもなっていて、照り焼きソースはスーパーマーケットでも売られているくらいです。

# TACO風シチュー

 **12** スキレット ／IH

豆入りタコスの具をスキレットで。レタスとトマトをトッピングし、
トルティーヤチップスを砕いて入れればシチューのようなTACOに。

### 材料：4〜6人分

ハラペーニョ（びん詰）…1本
ブラックビーンズ（缶詰）…1缶（425g）
牛ひき肉…500g
油…大さじ1
A 冷凍コーン…250g
　　トマト水煮（カット）…400g
　　チリペッパー…小さじ2
　　クミンパウダー…小さじ1
　　塩…小さじ1/2

### トッピング

　　トマト…2個、レタス…3枚、
　　トルティーヤチップス…適量

1 ハラペーニョはみじん切りにする。ブラックビーンズは水けをきる。

2 スキレットを強火にかけ、煙が出るまで熱したら弱火にして油を加え、ひき肉を入れて半分ほど火が通るまで炒める。

3 2に、A、1を加えて、水分が半分になるまで、かき回しながら煮る。

4 トッピングのトマトは細かく切り、レタスはせん切りにする。

5 3に4、トルティーヤチップスをトッピングする。

\ *Hint !* /

・トルティーヤチップスですくっても、細かく砕いて混ぜて食べてもおいしいですよー。
・ブラックビーンズが入手困難な場合はキドニービーンズなど手に入りやすい豆で作っても。

# メカジキのオレンジ生姜ソテー

 10 ¼ スキレット ● フタ IH

淡白な味わいのメカジキに、フルーティーなオレンジ風味がよく合います。
アメリカでは果汁を魚や肉のソースに使うこともしばしば。

材料：2〜4人分

メカジキ…4枚
にんじん…1/2本
万能ねぎ…2本
**ソース**
　　しょうが…1かけ
　**A** オレンジ果汁…大さじ4
　│ しょうゆ…大さじ2

EXVオリーブオイル…大さじ1
水…大さじ3

**1** メカジキに塩適量（分量外）を振って15分ほどおいてから、キッチンペーパーでしっかり拭き取る。

**2** にんじんは皮をむき、せん切りにする。万能ねぎは小口切りにする。

**3** しょうがをすりおろして、Aと混ぜ合わせてソースを作る。

**4** スキレットを強火にかけ、煙が出るまで熱したら弱火にしてオリーブオイルを入れ、**1**を入れて1分ほど焼き裏返す。

**5** **2**のにんじんを各メカジキの上に均等にのせ、鍋肌から水を加えてフタをし、5分間蒸し焼きにする。

**6** フタを取り、**2**の万能ねぎをにんじんの上に散らし、**3**をかけて中火で煮る。ソースが半分ほど煮詰まったら火からおろす。

**7** 皿に取り分け、スキレットに残っているソースをかける。

# ヤリイカの塩ガーリック

 **9** スキレット

ボイル済のヤリイカを塩とにんにくでサッとソテー。
たっぷりのにんじんも塩にんにくでおいしく食べられます。

材料：2人分

にんにく…2片
にんじん…2本
ヤリイカ（ボイル）…8杯（約200g）
EXV オリーブオイル…大さじ2
塩…小さじ1/2
粗挽き黒こしょう…少々

\ *Hint!* /

にんじんは量が多いので、
スライサーを使ってせん切
りにすれば簡単楽々です。

1 にんにくは、みじん切りにする。にんじんは、皮を
むきせん切りにする。

2 スキレットを強火にかけ、煙が出るまで熱したら
弱火にして、オリーブオイル大さじ1を入れ、にん
にくを加えて炒める。香りが立ってきたらヤリイ
カを加える。塩、黒こしょうを振って裏返しながら
焼き、火が通ったら取り出す。

3 2のスキレットに残りのオリーブオイルを入れ、1
のにんじんを加えて1分ほどサッと炒める。

4 ヤリイカを戻し入れ、火からおろす。

## ムール貝のレモンガーリック蒸し

定番のムール貝の白ワイン蒸しに、にんにくとレモンの風味をプラス。
さっぱりとコクのある蒸し汁も楽しんでいただきたい。

**材料：2人分**

ムール貝…16個
にんにく…2片
レモン…1個
A　塩…小さじ1/2
　│　白ワイン…100ml
EXV オリーブオイル…大さじ1

\ *Hint!* /

・ポットの下に溜まったスープと一緒に器に盛り付けて、召し上がってくださいね。
・ムール貝の代わりに、大き目のあさりやはまぐりでもおいしいです!

**1**　ムール貝は、蝶つがいを上にして持ち、糸のように出ている足糸を下に引いて取り除く。たわしで貝殻をこすって汚れを洗い流す。

**2**　にんにくは薄切りにする。レモンは、半分は果汁を絞り、もう半分は薄切りにする。Aは混ぜ合わせる。

**3**　サービングポットを強火にかけ、煙が出るまで熱したら弱火にして、オリーブオイルを加える。**2**のにんにくを加え、香りが立ったら**1**を入れて混ぜる。

**4**　**2**のレモン、Aを加え、フタをして強めの中火にかけ、6〜7分ほど蒸し焼きにする。

# タコとブラックオリーブのトマト煮

 サービング ポット1qt

作りおきのマリナラソースを使って作る簡単煮込み風料理。
バゲットやパスタと一緒にどうぞ。

材料：2人分

蒸しだこ…200g
ブラックオリーブ（種なし）…10個
パセリ（生・葉）…適量
マリナラソース（P19）…250g
白ワイン…60ml
バゲット…1/2本

**1** 蒸しだこは、一口大の乱切りにする。ブラックオリーブは横半分に切る。

**2** パセリはみじん切りにする。

**3** マリナラソースと白ワインをサービングポットに入れて中火にかけ、ひと煮立ちしたら**1**を加える。再び煮立ったら火からおろす。

**4** **2**を振り、スライスしたバゲットを添える。

# 中華風オレンジビーフ

**9** スキレット

アメリカンチャイニーズの代表料理。中華飯店にもショッピングセンターの
ファストフード中華にも必ずといっていいほどあるメニューです。

| 材料：2人分 |
| --- |

牛こま切れ肉…300g
片栗粉…大さじ2
にんにく…1片
しょうが…10g
玉ねぎ…1個
ブロッコリー…1/2個
油…大さじ3
鷹の爪…1本
**A** 酒…大さじ1
　｜ しょうゆ…大さじ2
　｜ はちみつ…大さじ1
オレンジ…1個

\ *Hint !* /

オレンジビーフは甘辛味です。鷹
の爪を半分に切り、種も一緒に混
ぜるとピリ辛でおいしくできますよ。

1　牛肉は数枚をギュッと握り、片栗粉をまぶして、170℃くら
いの揚げ油（分量外）でカラッと揚げる。

2　にんにく、しょうがはみじん切りにする。玉ねぎはくし形切
りにする。

3　ブロッコリーは小房に分けて茹でる。オレンジは塩でもみ
洗いして縦半分に切り、半分は皮の部分を薄くむき、裏側
の白い部分を削り取ってせん切りにする。実は果汁を絞
る。残りの半分は4等分のくし形切りにする。

4　スキレットを強火にかけ、煙が出るまで熱したら弱火にして
油を加え、**2** のにんにく、しょうがを加えて香りが立ってきた
ら中火にして、玉ねぎと鷹の爪を加えてサッと炒める。

5　**4** に **1**、**A** を加えてサッと混ぜ合わせる。

6　**3** のオレンジの皮と果汁を **5** に加えて炒め合わせる。火
を止め、端に寄せ、あいた部分に **3** のブロッコリーとオレン
ジのくし形切りを添える。食べる時にオレンジを絞り、全
体を混ぜる。

# 餅明太のフリッタータ

具がたっぷりなのにふんわり焼けるのはスキレットならでは。
お餅の食感も加わり、ふんわりもっちりなフリッタータをどうぞ。

---

材料：4人分

じゃがいも…1個
ちぢみほうれん草…1袋（2株）
マッシュルーム…5個
アボカド…1個
明太子…1/2腹
切り餅…2個
A 卵…4個
　　牛乳…50ml
　　塩…小さじ1/4
　　黒こしょう…少々
油…大さじ2

1 じゃがいもは一口大に切って水にさらす。ほうれん草は根を切り、ざく切りにする。マッシュルームは半分に切る。アボカドは一口大に切る。明太子は1cm幅に切る。切り餅は約1cm角に切る。

2 Aをボウルに入れ、混ぜ合わせる。

3 スキレットを強火にかけ、煙が出るまで熱したら弱火にして油を加え、1のじゃがいもの水けをきり、周りが透き通るまで炒める。強火にしてほうれん草、マッシュルームを加えてしんなりするまで炒めたら、弱火にして2を注ぎ入れる。

4 1のアボカド、明太子、餅をのせ、フタをして弱火のまま10分蒸し焼きにする。一度フタを取り、内側についた水分を捨てる。再びフタをして、火からおろして5分蒸らす。

# ふわふわアメリカンオムレツ

 **9** スキレット IH

アメリカの朝食は、スフレのようなふわふわで巨大なオムレツ。
カリカリベーコンはアメリカ人の真似をして、手でつまんで食べてみるのもいい。

材料：2人分

ベーコン…4枚
ハラペーニョ（びん詰）…適量
卵…4個
片栗粉…小さじ1/2
有塩バター…15g
ピザ用チーズ…50g
ハム…2枚
トマトケチャップ…お好みで

**付け合わせ**
　トースト…適量
　バター、ジャム など…各適量

\Hint!/
トマトケチャップをたっぷりつ
けるのがアメリカ流です。

1　耐熱皿にキッチンペーパーを敷き、ベーコンを並べて
のせ、電子レンジで約2分加熱し、そのまま冷ます。

2　ハラペーニョは粗いみじん切りにする。

3　卵2個は卵黄と卵白を分けてボウルに入れる。

4　3 の卵黄のボウルに、残りの卵2個を割り入れて溶
き、2 とチーズを加えて混ぜ合わせる。

5　3 の卵白に片栗粉を加えて、しっかりと角が立つま
で泡立てたら、4 に加えて混ぜ合わせる。

6　スキレットを強火にかけ、煙が出るまで熱したら弱
火にしてバターを加えて溶かし、スキレット全体に回
す。5 を流し入れ、周囲が固まって、裏返せるように
なるまで焼く。裏返して中に火が通るまで焼き、火
からおろす。

7　6 に 1、ハムをのせ、トマトケチャップをかける。

# トルティーヤ

 **9** スキレット

トルティーヤって案外簡単におうちでできてしまうもの。
手作りのやわらかい焼きたてトルティーヤをお試しください。

材料：8枚分

薄力粉…100g
強力粉…140g
塩…小さじ1/2
EXV オリーブオイル…大さじ1
湯（40℃くらい）…120ml

\ *Hint!* /

・焼いている間に次のトルティーヤをのばす。
・焼き時間は片面1分弱、焼きすぎるとかたく
　なります。

1　薄力粉、強力粉、塩を混ぜる。オリーブオイルと湯を加えて混ぜ、ひと塊にしてボウルから出し、手でこねる。滑らかにまとまるようになったら、丸めてラップに包み30分ほど室温におく。
2　8等分のボール形にする。強力粉少量（分量外）で打ち粉をして、めん棒で直径18㎝の円にのばす。
3　中火で温めておいたスキレットにのせ、生地がポコポコと膨らんできたら裏返す。中火のまま、裏面も同様に1分弱焼く。

# ステーキエンチェラーダ

 **10¼** スキレット **200℃／15分**

やわらかいビーフステーキをトルティーヤで包んでチーズ焼きに。
見た目もおいしいごちそうメキシカン。

材料：2人分

牛ステーキ肉（好みの部位）
　　…2枚（各120g程度）
塩…小さじ1/2
黒こしょう…少々
玉ねぎ…1個
牛脂…適量
トルティーヤ…4枚
マリナラソース（P19）…250g
ピザ月チーズ…60g

パクチー（生・葉）…適量

**下準備**

・オーブンを200℃に予熱する。

1　牛肉に塩、黒こしょうを振る。
2　玉ねぎは、繊維に沿って薄切りにする。
3　スキレットを強火にかけ煙が出るまで熱したら、中火にして牛脂を加えて溶かす。1を入れ、両面を各1分半〜2分焼きスキレットから取り出し、一口大に切る。
4　3のスキレットに2を加えてしんなりするまで炒めたら、スキレットの全面に広げる。
5　4枚のトルティーヤの中央に3を一直線にのせて、クルンと巻く。巻口を下にして4の上に並べてのせる。マリナラソースをかけ、ピザ用チーズをのせる。
6　オーブンで15分焼く。パクチーをのせる。

\ *Hint!* /

最後にオーブンで焼成するので、3のステーキはレア状態で大丈夫です。

# サーモンケサディア

 **9** スキレット

トルティーヤ2枚でチーズ、野菜、肉などをはさんだものがケサディア。
はさんでから再び焼くのが私流、焼き立てテイストです。

材料：4人分

トルティーヤ（P69）…8枚
クリームチーズ（室温）…100g
ハーブソルト（市販）…小さじ1/2
ガーリックパウダー…少々
スモークサーモン…約80g

**トッピング**
チャイブ…適量
サワークリーム…適量

1 スキレットは弱火にかけて温める。
2 クリームチーズをやわらかく練り、ハーブソルト、ガーリックパウダーを混ぜる。
3 トルティーヤ4枚に均等に **2** を塗り、スモークサーモンを20gずつ並べる。
4 残りの4枚のトルティーヤを **3** の上にかぶせてサンドする。**1** のスキレットで両面を軽く焼く。
5 半分に切って皿に盛り付け、チャイブとサワークリームを添える。

# モーニングブリトー

 スキレット

前の晩に焼いたトルティーヤにチーズをのせて、とろけるまでサッと焼き直す。
具材をのせクルンと巻けば朝食ブリトーの出来上がり。

### 材料：2個分

茹で卵…1個
マヨネーズ…大さじ2
粒マスタード…小さじ1
キャベツ…1枚
ハム…1枚
トルティーヤ（P69）…2枚
ピザ用チーズ…100g

### 付け合わせ

ミニトマト、パセリなど…各適量

1　スキレットは弱火にかけて温める。
2　茹で卵は黄身をボウルに入れる。白身はみじん切りにしてボウルに加え、マヨネーズ、粒マスタードと和える。
3　キャベツ、ハムはせん切りにする。
4　トルティーヤ1枚を**1**にのせ、ピザ用チーズの半量を広げてのせ、チーズがとろけたら取り出し、**3**のキャベツ、**2**、**3**のハムを半量ずつ順にのせて巻く。もう1枚も同様に作る。

\ *Hint!* /

ワックスペーパーで包めば、手を汚さず、忙しい朝にサッと食べられるファストフードになりますよ。

Gas Top / IH Cooking Heater

## ①用意するもの ダブルダッチオーブン

- ・ロッジダッチオーブン（ここではロッジ製ロジックダブルダッチオーブンを使用）
- ・焼き網（ダッチオーブン本体の上から2～3cmのところに設置できる大きさのもの・直径約27cm）
- ・アルミホイル
- ・スモークチップス（燻製チップ）…さくら、くるみ、ヒッコリー、りんごなど好みのもの
- ・燻製にする食材

## ②下準備

1 食材は塩をまぶす、しょうゆに漬け込むなど味をつけてから、水けを拭き取り乾燥させる。

2 ダッチオーブンの底にアルミホイルを敷き、スモークチップスを平らに広げてのせる。

3 焼き網は、ダッチオーブン内のしっかり留まるところに水平に設置する。

4 **3** を強火にかけ、煙が上がり始めたら弱火にする。**3** の網の上に **1** をのせる。フタは少しずらしてかぶせ、弱火で加熱して燻製にする。

# Part 3

ガスコンロ／IH調理器

# ガスコンロ／
# IH調理器で
# 燻製に挑戦

燻製専用スモーカーがなくても、ダッチオーブンを使えばキッチンでおいしい燻製を作ることが出来るんです。おいしく仕上げるコツは、火からなるべく遠くに網をかけることです！

## ③注意

- キッチンの換気には十分気をつけてください。思っているよりも煙が出ます。
- きっちりフタをしてしまうと、ダッチオーブンの中の酸素がなくなり火が消えてしまうので、必ず少しずらしてください。
- 火力が弱すぎると、チップに着いた火が消えてしまいます。火力が強いと酸っぱい燻製になってしまいます。

**1** **カマンベールチーズ**
カマンベールチーズ…1個
ヒッコリーチップ…10g

カマンベールチーズは、丸ごとそのまま
使う。P72の下準備 **2**〜**4** の通りに
進める。約10分加熱する。

**2** **いか**
いか(一夜干し、開き)…1枚
りんごチップ…10g

P72の下準備 **2**〜**4** の通りに進める。
約10分加熱する。

**3** **たこ**
たこ(茹でだこ、足)…200g
くるみチップ…15g

たこは足1本ずつに切り分け、水洗いしてペーパータオ
ルで水けをしっかりと拭き取る。風当たりのいいところ
に半日ほどおいて乾燥させる。P72の下準備 **2**〜**4** の
通りに進める。約20分加熱する。

**4** **ホタテベーコン**
ホタテ貝柱刺身用…6個
ベーコン…3枚
ヒッコリーチップ…15g

ホタテに塩少々を振り15分ほどおいてから、水けをしっ
かりと拭き取る。ベーコンを細長く半分に切ってホタテ
に巻き付け、楊枝でとめる。P72の下準備 **2**〜**4** の通
りに進める。約15分加熱する。

**5** 紫蘇豚ばら
豚ばら肉（薄切り）…5枚
青じそ…10枚
ヒッコリーチップ…20g

豚ばら肉に塩少々を振り、縦半分に切った青じそを並べてのせ、端から巻いて楊枝でとめる。P72の下準備 **2**〜**4** の通りに進める。約20分加熱する。

**6** 塩さば
塩さば…2枚（1尾分）
くるみチップ…15g

P72の下準備 **2**〜**4** の通りに進める。約15分加熱する。

**7** チーズ
プロセスチーズ…個別包装を適量
ヒッコリーチップ…10g

プロセスチーズは厚みを半分に切る。P72の下準備 **2**〜**4** の通りに進める。約10分加熱する。

**8** たらこ
たらこ…2腹
くるみチップ…10g

P72の下準備 **2**〜**4** の通りに進める。約10分加熱する。しっかり中まで火を通したければ15分加熱。

# スキレットごはん

9 スキレット ── フタ IH

熱が均一に伝わるスキレットだから、むらなくおいしいごはんが炊けるのです。
短時間加熱でできるのも嬉しいですね。

米…2合
水…約350ml

*Hint!*

水の量はお好みで加減して
ください。私の炊き方は少
しかためごはんです。

1 米を洗い、そのまま水（分量外）につけ30分おく。
ざるにあげてよく水けをきり、スキレットに移す。

2 分量の水を加えて米を平らにし、フタをして強火に
かける。フタの間から蒸気が漏れ始めたら弱火にし
て、8分炊いて火を止める。

3 フタを開けて、フタ裏に付いた水分を捨てる。再び
フタをして5分間蒸らす。

*Gas Top / IH Cooking Heater*

Part **4**

ガスコンロ／IH調理器

# スキレットで
# ごはん・
# パン・パスタ

主食もスキレットにおまかせ。大きめのスキレットでたっぷり作り、そのままテーブルへ。出来立てを皆で取り分けると、いつもよりおいしい気がしてついつい食べ過ぎてしまうかも。

# ジャンバラヤ

 12 スキレット フタ IH

ソーセージと鶏肉の旨みをスパイスと一緒にしっかりごはんに炊き込みました。
異国の炊き込みごはんを楽しんでください。

| 材料：4人分 |

鶏もも肉…2枚
水…700ml
粗挽きソーセージ…120g
にんにく…2片
玉ねぎ…1個

**ブレンドスパイス**
　パプリカパウダー…小さじ1
　クミンパウダー…小さじ1
　カイエンペッパー…少々
　オレガノ（乾）…小さじ1
　バジル（乾）…小さじ1

油…大さじ1
塩…小さじ1
トマト水煮（カット）…400g
米…3合
あさつき…3本

\ Hint ! /

熱いうちに、全体をよく混
ぜ合わせてくださいね。

1　米を洗い、そのまま水（分量外）につけて30分
　おいてからざるにあげ、水けをきる。

2　鶏肉は塩適量（分量外）をもみ込み、15分おく。
　水で洗い流し、ペーパータオルで水けをしっかり
　と拭き取る。分量の水と一緒に鍋に入れ、アク
　を取りながら火が通るまで茹でる。鶏肉を取り出
　して一口大に切る。ゆで汁はとっておく。

3　ソーセージは3〜4mmの薄切りにする。にんに
　く、玉ねぎはみじん切りにする。ブレンドスパイス
　は混ぜる。

4　スキレットを強火にかけ、煙が出るまで熱したら
　弱火にして油を加え、3のソーセージとにんにく
　を炒める。玉ねぎを加えてしんなりするまで炒め
　たら、ブレンドスパイスを加えて炒め合わせる。

5　4に2の茹で汁350ml、塩、トマト水煮を加え、
　中火にしてひと煮立ちさせる。

6　弱火にして米を加え、よく混ぜ合わせたら2の鶏
　肉をのせ、フタをして20分炊く。火を消し、フタ
　を開けてフタの裏に付いた水分を捨てる。再び
　フタをして5分間蒸らす。

7　小口切りにしたあさつきを散らす。

# ガーリックシュリンプライス

ガーリック＆ソルトで炒めたプリプリのえびと、その旨みがしっかりからまったライスが絶品。
なんともアメリカンな味です。

**材料：2人分**

えび…16尾
ズッキーニ…2本
にんにく…3片
EXVオリーブオイル…大さじ2
白ワイン…大さじ3
塩…小さじ1/2
粗挽き黒こしょう…少々
ごはん…300g
パクチー（生・葉）…適量

1 えびはきれいに洗い、尾を残して殻をむき、尾の先と剣先を切り取る。背中に深めに切れ目を入れ、背ワタを取る。再び水洗いして、しっかり水けを拭き取る。

2 ズッキーニは皮のまま1cmの輪切りにする。にんにくはみじん切りにする。

3 スキレットを強火にかけ、煙が出るまで熱したら弱火にし、オリーブオイルを加えて 2 のにんにくを入れ、香りが立ったら 1 と、2 のズッキーニを加えて火が通るまで炒める。白ワインを加えて強火にして、アルコール分をとばす。塩、粗挽き黒こしょうで味を調え、えびとズッキーニを取り出す。

4 3 のスキレットにごはんを入れて中火で軽く炒め、半分に寄せる。3 を戻し入れ、火からおろす。パクチーをのせる。

# 鉄焼きビビンバ

12 スキレット

石焼きならぬ鉄焼きのビビンバ。シカゴで韓国人の友人に習った味を思い出しながら作りました。
12インチスキレットでパーティー用に。

**材料：4人分**

ごはん…700g
ごま油…大さじ1

**ほうれん草ナムル**
ちぢみほうれん草…2袋(4株)
A 薄口しょうゆ…大さじ1
　 にんにく(すりおろし)
　　 …小さじ1/2
　 ごま油…小さじ1
　 白ごま…小さじ2

**もやしナムル**
豆もやし…1袋(200g)
B 塩…小さじ1/2
　 にんにく(すりおろし)
　　 …小さじ1/4
　 ごま油…小さじ1

**ぜんまいナムル**
ぜんまい水煮…150g
ごま油…小さじ1
C 薄口しょうゆ…小さじ2
　 酒…大さじ1
　 にんにく(すりおろし)
　　 …小さじ1/2

**味つけ牛肉**
牛薄切り肉…200g
ごま油…大さじ1
D 酒…大さじ1
　 みりん…大さじ1
　 しょうゆ…大さじ1

**目玉焼き**
卵…4個
ごま油…大さじ1

**トッピング**
キムチ…適量
コチュジャン…適量

1 ほうれん草ナムルを作る。ほうれん草は熱湯で1分半茹でてざるに上げ、粗熱がとれたら水けを
ギュッと絞り5cmに切る。Aを混ぜ合わせてほうれん草に和える。

2 もやしナムルを作る。豆もやしは熱湯で1分半茹でてざるに上げる。Bを混ぜ合わせもやしに和え
る。

3 ぜんまいナムルを作る。ぜんまいは水けをしっかりきる。小さめのスキレットを強火にかけ、煙が
出るまで熱したら弱火にしてごま油を加え、ぜんまいを入れてサッと炒めたら、Cを加えて水けがな
くなるまで炒める。

4 味つけ牛肉を作る。牛肉は適当な大きさに切る。サッと洗った小さめのスキレットを強火にか
け、煙が出るまで熱したら、弱火にしてごま油を加え、肉を入れ、半分ほど火が通ったらDを加え、
水けがなくなるまで煮詰める。

5 目玉焼きを作る。サッと洗った小さめのスキレットを強火にかけ、煙が出るまで熱したら、弱火に
してごま油を加え、卵を割り入れ半熟の目玉焼きを作る。

6 12インチのスキレットを強火にかけ、煙が出るまで熱したら、火からおろしてごま油を加え、ごはん
を広げて入れる。1～4をごはんの上に盛り付け、キムチ、コチュジャンをのせ、最後に5をのせる。

7 6をそのまま中火にかけて、3～4分焼く。

\ Hint! /

・食べるときに全体をよく混ぜてください
ね。目玉焼きもスプーンで切りながら混
ぜ込みます。
・味つけ牛肉や目玉焼きを作るスキレット
は使いやすいサイズを選んでくださいね。

# ペンネペスカトーレ

**12** スキレット ● フタ

ペンネを茹でずに加えるので、魚介の風味をしっかり吸い込んでおいしいパスタに。
フタをするとスキレットが高圧状態になるのでパスタの茹で時間も短くて済みます。

材料：2人分

いか…1杯
有頭えび（刺身用）…6尾
にんにく…2片
玉ねぎ…1個
EXV オリーブオイル…大さじ3
鷹の爪…2本
あさり（砂抜き済）…30個
白ワイン…100ml
A 水…500ml
　 マリナラソース（P19）…250g
　 ペンネリガーテ…250g
塩…適量
イタリアンパセリ（生・葉）…適量

**1** いかはワタと軟骨を取って皮をむき、1cmの輪切りにする。足は2本ずつに切り分ける。有頭えびは、きれいに洗って殻の隙間から背ワタを取る。

**2** にんにくは薄切りにする。玉ねぎはみじん切りにする。

**3** スキレットを強火にかけ、煙が出るまで熱したら、弱火にしてオリーブオイルを加え、**2** のにんにく、鷹の爪を入れて炒め、香りが立ったら玉ねぎを加えてしんなりするまで炒める。

**4** あさり、**1** のいか、白ワイン50mlを加えフタをして、1分ほど蒸し焼きにする。あさりの口が開いたら、あさりといかを取り出す。

**5** **4** のスキレットにAを加え、フタをして7〜8分蒸し焼きにする。**1** のえびを加えてさらに3分ほど蒸し焼きにする。ペンネがやわらかくなっていれば、残りの白ワインを加え、塩で味を調える。あさりといかを戻し入れる。イタリアンパセリをあしらう。

---

残りものをリメイク!

**レフトオーバー
魚介クリームペンネ**

 サービング
ポット 1qt

**220℃／10分**

残りもののペンネペスカトーレ適量に、生クリーム適量を加えて混ぜ合わせ、フレッシュモッツァレラチーズを2cmの厚みに切ってのせ、220℃のオーブンでモッツァレラチーズがとろけるまで焼けば出来上がり。

＼ *Hint!* ／

アメリカにいた頃、よく行っていたイタリアンレストランは1人前の量がとても多くて食べきれず、必ずドギーバッグ（持ち帰りの箱）に入れてもらい持ち帰りました。翌日は、よくこんな風にリメイクして食べました。残りものも「レフトオーバー」って言うと、ちょっとかっこいいでしょ。

# チキンパルメザンリゾット

 10 ¼ スキレット IH

やわらかく茹でたささみがたっぷり入っています。
白ワインとチキンスープで、お米から炊く風味豊かなチーズリゾットをどうぞ。

材料：2人分

鶏ささみ…2本
水…600ml
EXV オリーブオイル…大さじ1
米…1合（洗わずにそのまま使う）
白ワイン…120ml
塩…小さじ1/2
パルメザンチーズ（粉）…30g
粗挽き黒こしょう…適量

1 ささみは筋を取る。鍋に水を沸騰させ、ささみを入れる。再沸騰したら火を止め、フタをして10分蒸らしたら取り出し、手で細く割く。茹で汁はとっておく。

2 スキレットを強火にかけ、煙が出るまで熱したら弱火にしてオリーブオイルを加え、米を入れて1分炒める。白ワインと塩を加えて、さらに5分ほど炒める。

3 弱火で炊いていく。1の茹で汁を3回に分けて加え、かき回しながら約20分炊く。

4 火を止めて、3にパルメザンチーズを加えて混ぜ、1のささみも加えて混ぜ合わせる。仕上げに粗挽き黒こしょうを振る。

*Hint !*

3では、水分がなくなってきたら次の茹で汁を加えてください。これを2回繰り返します。ちょうど20分くらいかかるはずです。

# ビーフチリパスタ

12 スキレット ── フタ ◎/IH

牛ひき肉のチリにパスタを入れて煮込むだけの簡単スキレット。
ブラックオリーブも調味料のひとつになっています。

材料：4人分

玉ねぎ…1個
ブラックオリーブ（種なし）…20個
牛ひき肉…500g
A チリペッパー…大さじ1
　コリアンダーパウダー…小さじ1
　塩…小さじ1
水…300ml
パスタ（フジリ）…250g
トマト水煮（カット）…400g
ピザ用チーズ…80g

\Hint!/

• **3**で水分が足りなくなるようなら、少量
　ずつ水を足してください。
• チーズは、モッツァレラとチェダーを混
　ぜるときれいな色で仕上がります。

1　玉ねぎ、ブラックオリーブ10個は、みじん切りにす
　る。 残りのブラックオリーブは横半分に切る。
2　スキレットを強火にかけ、煙が出るまで熱したら、
　弱火にしてひき肉を入れ、半分程度色が変わるま
　で炒める。**1**の玉ねぎと**A**を加えて炒め合わせる。
3　水、パスタ、**1**のみじん切りオリーブを加え、フタを
　して弱火で煮る。 たまにフタを取って、かき回しな
　がらパスタがやわらかくなるまで15分ほど煮る。
4　トマト水煮を加えて混ぜ、ピザ用チーズと**1**の半
　分に切ったオリーブを散らし、フタをして5分蒸し
　焼きにする。

# 大人のグリルドチーズ

 **9** スキレット ⬤ フタ 〔IH〕

ピーナッツバター & ジェリーのサンドイッチに並び、アメリカの子供たちが大好きな食パンのグリルドチーズ。
ここでは大人用に食パンをカンパーニュにし、玉ねぎを入れて作りました。

[材料：1人分]

玉ねぎ…1/8～1/4個分
ピザ用チーズ…50g
カンパーニュ…2枚
卵…2個
油…小さじ1
有塩バター…適量
粗挽き黒こしょう…適量
パセリ（生）…適量

1 玉ねぎはみじん切りにして、ピザ用チーズと混ぜ合わせる。

2 カンパーニュの外側になる面にバターを塗り、**1**をはさむ。

3 スキレットを強火にかけ、煙が出るまで熱したら弱火にして油を加え、卵を割り入れて半熟の目玉焼きを作り、スキレットから取り出す。

4 弱火にしたまま、**3**のスキレットに**2**をのせ、フタをして両面2分ずつ焼く。チーズが溶けたら火からおろし、取り出して半分に切る。

5 **4**のスキレットに**3**を戻し入れ、粗挽き黒こしょうを振る。**4**も戻し入れ、パセリを添える。

Part **5**

# Oven

## 大好き!
## ほろ甘こんがりスイーツ

決して華やかではないけれど、スキレットのまま出されると、
誰もが思わず歓声を上げてしまうほど魅力的。
熱々のものはアツアツのまま、冷たいものはヒエヒエのまま楽しめるのが嬉しい。

6 ½ スキレット×2個  🍳 180℃ / 15分

# マカデミアナッツと
# ホワイトチョコのソフトクッキー

マカデミアとホワイトチョコの組み合わせアメリカンクッキーの大定番。
アイスクリームをのせて、スキレットから直接食べよう。

**材料：2個分**

薄力粉…100g
塩…ひとつまみ
ベーキングソーダ…小さじ1/2
無塩バター（室温）…90g
グラニュー糖…25g
ブラウンシュガー…35g
牛乳…大さじ1
ホワイトチョコチップ…50g
マカデミアナッツ…50g
好みのアイスクリーム…2スクープ

**下準備**
・オーブンを180℃に予熱する。

1 薄力粉、塩、ベーキングソーダを混ぜてふるう。
2 バターをクリーム状に練り、グラニュー糖とブラウンシュガーを加えて、よく混ぜ合わせる。
3 1を2に入れて混ぜ合わせる。牛乳、チョコチップ、マカデミアナッツを加えて混ぜる。
4 薄くバター（分量外）を塗ったスキレット2個に、3を等分に入れる。スプーンなどで平たくつぶしてスキレット全体に広げる。
5 オーブンで15分焼く。粗熱がとれたらアイスクリームをのせ、スプーンですくって食べる。

\Hint!/

クッキーとケーキの間くらいの
やわらかいクッキーなので、ス
プーンクッキーとも呼ばれます。

# 塩キャラメルピーカンチョコタルト

**9** スキレット
180℃／40分＋150℃／10分

濃厚なチョコタルトの上にはたっぷりのピーカンナッツ。
ほろ苦いキャラメルと、たまに感じる岩塩が味にメリハリをつけてくれるんです。

材料：8〜12人分

**タルト生地（パートシュクレ）** ※2個分
　無塩バター（室温）…110g
　粉砂糖…60g
　塩…ひとつまみ
　卵黄…1個分
　薄力粉…200g

**フィリング**
　無塩バター（室温）…150g
　グラニュー糖…250g
　卵…3個
　薄力粉…50g
　ココアパウダー（無糖）…30g

ピーカンナッツ…200g

**キャラメルソース**
　グラニュー糖…150g
　水…50ml
　生クリーム…80ml
　無塩バター（室温）…50g

岩塩…適量

**下準備**
・タルト生地：オーブンは180℃に
　予熱する。
・ピーカンナッツ：オーブンは150℃
　に予熱する。

**1** タルト生地を作る。バターをクリーム状によく錬り、粉砂糖と塩を加えよく混ぜる。

**2** 卵黄を加えて混ぜ合わせ、続いて薄力粉をふるい入れて混ぜ合わせる。粉気がなくなったら、2つに分けて丸め、ラップで包んで冷蔵庫で半日以上休ませる。

**3** **2**の1個を室温に戻し、やわらかくなったらラップの上におき、めん棒で直径28cmの円にのばし、ラップごと持ち上げてスキレットの形に合うように敷き詰めてラップをはがす。

**4** フィリングを作る。バターをクリーム状に練り、グラニュー糖をよく混ぜる。卵を1個ずつ加えてその都度よく混ぜ合わせる。

**5** 薄力粉とココアを混ぜてふるい、**4**に加えて混ぜ合わせ、**3**に流し入れる。180℃のオーブンに入れて40分焼く。

**6** オーブンの天板にオーブンシートを敷いてピーカンナッツを広げ、150℃に予熱したオーブンで10分焼く。そのままオーブンの中に冷めるまでおき、**5**の上に敷き詰める。

**7** キャラメルソースを作る。ステンレスの鍋にグラニュー糖と水を入れ、強めの中火にかけて煮立てる。濃い琥珀色になったら火からおろし、ごく少量ずつ生クリームを加えながらかき混ぜる。バターも加えて混ぜる。

**8** **7**が温かいうちにスプーンで**6**の上に隙間なくかける。粗熱がとれたら、粗い粒のままの岩塩をパラパラと振りかけ、冷蔵庫で十分に冷やしてから切り分ける。

＼ *Hint!* ／

・残ったタルト生地1個分については、**2**まで作り、二重にラップで包んで、冷蔵庫で1週間保存可能。それ以上保存する場合は冷凍庫に入れてくださいね。
・**7**で生クリームを加える際は、一度に加えず、ごく少量ずつ加えてください。一度に加えるとキャラメルが固まってしまいます。
・ピーカンナッツとくるみは、なんとなく形が似ていますが、味も食感も全然違うのです。このタルトはくるみではなく、ピーカンナッツで作っていただけたら嬉しいです。出来て2日目が一番おいしいです。

## アメリカンアップルパイ

6 1/2 スキレット　180℃／下段30分

スパイスをまぶしてサッと炒めた紅玉をパイで包み、スキレットでアップルパイにしました。
素朴な見た目がキュート。紅玉が出回る時季にぜひ!

材料：1個分

りんご（紅玉）…大2個
無塩バター…20g
グラニュー糖…40g
アップルパイスパイス…小さじ2
冷凍パイシート（15×15cm）…2枚
卵黄…1個分
みりん…小さじ1

**下準備**
・オーブンを180℃に予熱する。

\ Hint! /

アップルパイスパイスはディーンアンドデルーカ※で購入できます。ない場合はシナモン、メース、クローブ、ナツメグを好みの量のブレンドで小さじ2用意する。
※DEAN & DELUCA
　http://www.deandeluca.co.jp

1 りんごは皮をむき、8等分のくし形切りにして芯を取る。それぞれを4つに切る。

2 大きめの別のスキレットを強火にかけ、煙が出るまで熱したら弱火にして、バターを溶かして1を入れ、木べらでかき回しながらサッと炒める。グラニュー糖とアップルパイスパイスを加えて炒めて冷ます。

3 冷凍パイシートを室温で解凍する。めん棒で19×19cmにのばし、冷たい6 1/2のスキレットにかぶせて内側にぴったりと敷き詰める。

4 もう一枚のパイシートも3と同様にのばす。

5 2を3の中に、こんもりと山盛りに入れ、4をかぶせてりんごに密着させる。

6 スキレットの縁に沿ってフォークの先を押しつけ、2枚のパイシートを貼り合わせる。余分なパイシートを切り取る。

7 卵黄とみりんを混ぜ、はけで6の上面に塗る。オーブンの下段に入れ、30分焼く。

# シナモンとくるみのツィールケーキ

 サービングポット 1qt 180℃／40分

くるみ入りシナモンシュガーをケーキの中にマーブル状に入れました。
朝食のパンの代わりにも。牛乳と合いますよ。

材料：1個分

薄力粉…130g
ベーキングパウダー…小さじ1/2
グラニュー糖…90g
塩…小さじ1/4
卵…1個
牛乳…100ml
太白ごま油…40ml

ツイール

    くるみ…30g
    シナモン…大さじ1
    ブラウンシュガー…40g

下準備

・オーブンを180℃に予熱する。

1 薄力粉、ベーキングパウダーを一緒にふるい、グラニュー糖、塩を混ぜ合わせる。

2 別のボウルに卵を溶きほぐし、牛乳と太白ごま油を加えて混ぜ、1に入れて混ぜ合わせる。

3 くるみは小さく割る。別のボウルに、ツイールの材料を入れて混ぜる。

4 サービングポットに無塩バター適量（分量外）を塗り、薄力粉適量（分量外）を茶こしなどで振りかけ、余分な粉を落とす。2の半量を流し入れる。

5 3の半量を4の上に広げてのせ、残りの2を流し入れ、小さめのスパチュラなどで軽く混ぜて生地の中でマーブル状にする。残りの3をのせ、スパチュラで軽く混ぜる。オーブンで40分焼く。

# コーヒープリン

サービング
ポット1qt　　160℃／15〜20分

ほろにがコーヒープリンは大人のデザート。
冷やして食べるのはもちろん、熱々の焼き立てをいただくのもまたおいしい!

材料：1個分

生クリーム（35% 前後）…200ml
牛乳…200ml
グラニュー糖…90g
インスタントコーヒー…大さじ3
卵黄…4個分

**トッピング**
ブルーベリー、ラズベリー、グースベリー
　　…各適量
ミント（葉）…適量

**下準備**
・オーブンを160℃に予熱する。

1 鍋に生クリーム、牛乳、グラニュー糖、インスタントコーヒーを入れて40℃くらいに温め、グラニュー糖とコーヒーを溶かす。

2 ボウルに卵黄を溶きほぐし、1を少量ずつ加えて、よく混ぜ合わせる。表面の泡を取り除き、サービングポットに静かに注ぎ入れる。

3 オーブンの天板にペーパータオルなどを敷き、熱湯を注ぎ入れてペーパーにたっぷり含ませ、その上に2をのせる。オーブンで15〜20分焼く。

4 冷蔵庫で冷やし、トッピングをする。

\ *Hint!* /

・ペーパータオルを敷くのは、天板の中のお湯の沸騰を防ぐため。クロスなどでもOKです。
・冷やすとまったりとした食感、熱々のうちはトロトロの食感が楽しめます。

# チョコファッジケーキ
# アイスクリーム添え

 スキレット×2個　180℃／25〜30分

熱々のしっとりとろけるようなチョコレートケーキに、
いちごとバニラのアイスクリームをたっぷりのせて。もう止まらないおいしさ。

材料：2個分

無塩バター（室温）…35g
グラニュー糖…130g
サワークリーム（室温）…50g
卵（室温）…1個
薄力粉…65g
ココアパウダー（無糖）…20g
ベーキングパウダー…小さじ1/2

**トッピング**
アイスクリーム（バニラ、ストロベリー）…各適量
いちご（生）…適量
チャービル（葉）…適量

**下準備**
・オーブンを180℃に予熱する。

1 ボウルにバターを入れてクリーム状に練り、グラニュー糖とサワークリームを加えて混ぜ合わせる。卵を割り入れ、滑らかになるまで混ぜる。

2 薄力粉、ココア、ベーキングパウダーを混ぜてふるい、1に加えて粉気がなくなるまで混ぜる。

3 スキレット2個に2を均等に分け入れ、オーブンで25〜30分焼く。

4 オーブンから取り出してすぐに、2種類のアイスクリームをのせ、縦4つに切ったいちごとチャービルをトッピングする。

# チョコレートチーズケーキ

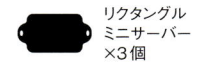 リクタングル
ミニサーバー
×3個

 **180**℃／**20～25**分

チョコレートケーキのどっしりした口当たりの中に、
サワークリームのさわやかさとクリームチーズのほんのり塩気がおいしいチーズケーキ。

---

### 材料：3個分

**タルト台**
　チョコクランチ…120g
　無塩バター…25g

**フィリング**
　チョコレート…200g
　無塩バター…25g
　ココアパウダー（無糖）…大さじ1
　クリームチーズ（室温）…200g
　サワークリーム（室温）…50g
　グラニュー糖…100g
　卵…2個
　塩…ひとつまみ

**下準備**
・オーブンを180℃に予熱する。

1　タルト台を作る。チョコクランチをボウルに入れ、小鍋に入れて弱火にかけて溶かしたバターを加えて混ぜる。リクタングルミニサーバー3個に均等に入れ、スプーンなどで上から押して平らにする。冷蔵庫で冷やし固める。

2　フィリングを作る。チョコレートとバターをボウルに入れ、湯せんにかけて溶けたら湯せんをはずす。ココアを加えて滑らかになるまで混ぜ合わせる。

3　クリームチーズとサワークリームを泡立て器で混ぜてクリーム状にし、グラニュー糖を加えて混ぜる。卵を1個ずつ割り入れ、その都度よく混ぜる。

4　3に2と塩を加えて混ぜ、1に分け入れる。オーブンで20～25分焼く。中央がやわらかいうちにオーブンから出す。粗熱がとれたら冷蔵庫に入れ、半日以上冷やし固める。

5　リクタングルミニサーバーから取り出し切り分ける。

\ *Hint!* /

・チョコレートの量が多いため、中央が固まりませんが、生焼けではないので焼きすぎに注意してくださいね。
・チョコクランチは、製菓材料を取り扱う富澤商店で購入できます。

## Profile
### 岸田夕子（勇気凛りん）

料理家、「レシピブログ」オフィシャルパートナー。シカゴ在住中の2006年より、料理レシピ投稿サイト「クックパッド」にオリジナルレシピの投稿を始める。その後ブログを開設し、テレビ、新聞、雑誌などのメディアで取り上げられ、人気に。著書に『勇気凛りんのとっておきごはん』（毎日コミュニケーションズ）、『凛りんさんちのハチミツみそレシピ』（飛鳥新社）、『いつもの野菜で気軽に作るデリ風サラダ SALAD STYLE』（扶桑社）、『シカゴ発 絶品こんがりレシピ』（イカロス出版）がある。

岸田夕子オフィシャルブログ
「勇気凛りん＊おいしい楽しい」
http://yuko-kishida.blog.jp/

クックパッド公式キッチン
http://cookpad.com/kitchen/212659

| | |
|---|---|
| ブックデザイン | FROG（藤原未奈子・大井綾子・神部彩香） |
| DTPワーク | 吉村朋子 |
| 撮影 | 佐藤 朗 |
| スタイリング | 小坂 桂 |
| 料理補助 | 池川麻実・水澤彩佳・横尾早紀 |
| 校正 | 坪井美穂 |
| 編集 | 綛谷久美 |

食材協力　TOMIZ　http://tomiz.com/

撮影協力　LODGE　http://www.lodge-cooking.com/
　　　　　パナソニック（スチームオーブンレンジNE-BS1200）http://panasonic.jp/range/
　　　　　UTUWA

商品協力　株式会社エイアンドエフ　http://www.aandf.co.jp/
　　　　　ホットハンドホルダー（バンダナ、マルチカラー）　P14、52、68 1500円
　　　　　スクラブブラシ　P14　1500円
　　　　　パイオニアFSK（フォーク・ナイフ）　P66　各1500円
　　　　　ホウロウマグカップ（s）　P42、71、73　各900円
　　　　　ディナーディーププレート　P74～75、80　1500円
　　　　　チタンFSKセット　P58　3600円
　　　　　ヘビーデューティーキャンプグリル　P78　6000円

**ロッジ発**
*The Lodge Cast Iron Cookbook*
# スキレット絶品レシピ

2016年2月20日第1刷　発行
2016年7月1日第2刷　発行

| | |
|---|---|
| 著者 | 岸田夕子（勇気凛りん） |
| 発行人 | 塩谷茂代 |
| 発行所 | イカロス出版株式会社 |
| | 〒162-8616東京都新宿区市谷本村町2-3 |
| | 編集 TEL 03-3267-2719 |
| | 販売 TEL 03-3267-2766 |
| | http://www.ikaros.jp |
| 印刷・製本 | 図書印刷株式会社 |